LE FANTÔME DE L'ÉLYSÉE

PHILIPPE DESSERTINE

LE FANTÔME DE L'ÉLYSÉE

Visite impromptue du baron Necker à François Hollande

Albin Michel
Slatkine

À ma femme
À mes filles

« Un État ne doit pas se transformer en joueur à la baisse et se servir de la peur pour faire fortune. »

Jacques Necker

I

Lundi 13 janvier, 23 heures. La nuit est tombée sur Paris depuis longtemps ; l'hiver est doux cette année.

Le Président aime ce moment où le palais redevient silencieux, où la ville alentour s'endort. Il donne toujours la même consigne : ne le déranger sous aucun prétexte.

Il explique que ce recul-là lui est indispensable. Peut-être une vieille habitude de sa période de Premier Secrétaire, quand il se laissait enfermer rue de Solferino jusqu'au petit matin ; ou de cette longue traversée du désert, quand les amis étaient si rares qu'il n'était besoin de congédier personne pour réfléchir au calme.

En ce retour des congés de fin d'année, la rentrée politique se déroule dans un climat délétère. Ce lundi restera dans les annales. La journée tout entière a été éprouvante. Le matin, les réunions avec les dirigeants de la majorité ont été plus que tendues. La conférence de presse du lendemain mardi, 16 h 30, est soulignée en rouge dans l'agenda officiel, elle cristallise les inquiétudes et les espoirs les plus vifs. Elle doit fixer le cap, non seulement pour l'année à venir mais aussi pour le reste du quinquennat.

Le Président n'a pas aimé les réserves de plus en plus explicites formulées parmi des députés dont il connaît l'animosité, mais surtout chez certains de ses ministres. L'atmosphère a été à ce point électrique qu'il a demandé au Secrétaire Général de l'Élysée de recadrer certains ténors qui semblent près de franchir la ligne rouge de la sédition.

Il a téléphoné, envoyé des messages, ménagé les uns et les autres. Certaines réponses l'ont réconforté, certains silences l'ont inquiété. Il sent mieux que personne monter les petits complots, les alliances de circonstance qui peuvent ruiner l'élan dont il a besoin pour enfin sortir du marasme dans lequel sont englués non seulement son mandat mais le pays tout entier.

Dans l'après-midi, juste après le point avec l'état-major sur les opérations militaires en Afrique, la réunion sur la conjoncture n'a pas été aussi convaincante qu'il l'avait espéré. Les chiffres du chômage sont mauvais, les perspectives de croissance semblent encore fragiles. La lecture des rapports de plusieurs préfets est alarmante.

Et puis, jamais évoquée en face par personne, à l'exception d'une allusion du Premier Ministre qu'il avait écartée sans ménagement, planent les conséquences de l'hospitalisation de la Première Dame.

II

Comme le lui a dit son conseiller politique, il est difficile d'accumuler autant de mauvaises nouvelles dans un laps de temps aussi réduit et dans une période aussi cruciale.

D'abord, il y a la série de photos divulguées par un tabloïd, le vendredi précédent. La rumeur d'une publication fracassante courait dans Paris depuis le début de la semaine, on racontait que les voies de recours juridiques étaient étudiées et écartées les unes après les autres par la cellule de crise de la Présidence.

Au-delà même des attentes les plus pessimistes, dès le samedi matin, le déchaînement médiatique avait pris un caractère non seulement national mais international.

L'amant au scooter était qualifié de « moche et minable », c'était le « bal des tartuffes ». « Oh là là ! », en français dans le texte, titraient les Allemands, moqueurs. D'ailleurs, remarquait un expert désabusé, « l'opinion publique dans le monde s'attend à ce genre de choses de la part des présidents français ».

Les éditorialistes, pour leur grande majorité, ne cessaient de souligner les dégâts qui résulteraient d'une telle confusion dans une situation déjà délicate.

Et c'est alors qu'intervient le véritable coup de poignard : la compagne bafouée, invisible depuis une galette des rois officielle au palais quelques jours auparavant, fait savoir par son propre service de presse qu'elle est hospitalisée. Les bruits les plus fous circulent à droite et à gauche : dépression ? tentative de suicide ?

Quand « l'humanisation du chef de l'État » est avancée avec ces révélations d'une romance intime, elle est immédiatement contrebalancée par la cruauté de l'homme imbu de lui-même et de son pouvoir, vis-à-vis de celle qu'il a voulu installer à ses côtés depuis le début de ses fonctions officielles.

« D'une façon ou d'une autre, quoi qu'il en soit, il s'agit de faire le dos rond », a lâché, lapidaire, le conseiller en communication.

Une mini-équipe de trois personnes de grande confiance a été chargée de réfléchir à la manière de gérer la conférence de presse dans ces conditions et de ne pas sombrer dans le ridicule. Le conseiller politique est également médecin, il est en relation constante avec l'hôpital. Il a demandé un rapport précis toutes les demi-heures, dont il transmet les grandes lignes au Président.

« Aquilino, vous me direz si je dois l'appeler », lui glisse-t-il en fin d'après-midi du lundi. « Je ne vous cache pas que je préférerais attendre demain, le discours d'ouverture de la conférence de presse n'est pas prêt, je ne le sens pas du tout. »

III

À partir de 17 heures, ce lundi 13 janvier, une réunion s'est tenue à l'Élysée dans les bureaux du Secrétaire Général afin d'arrêter d'abord les « principaux éléments de langage » du Président pour le lendemain.

Le climat est pesant. Le conseiller économique, en bras de chemise, dramatise d'entrée en parlant d'un « quitte ou double ». Et fidèle à son style un peu théâtral, il assène qu'il n'est pas exclu que, d'ici la fin de l'année, la crise financière puisse revenir, encore plus forte, encore plus terrible. « Nous ne pouvons nous permettre de perdre plus de temps », a-t-il conclu, en martelant chacun de ses mots par un coup porté avec le plat de la main sur la grande table.

Il est difficile de savoir à qui il s'adresse exactement. Les trois assistants les plus jeunes, en charge de la mise en forme politique, se sentent visés, d'autant qu'a été rappelée le matin l'obligation de loyauté absolue envers le Président. En filigrane, sourd le soupçon de fuites récurrentes sur le contenu des débats au sein même du palais.

C'est le Président, silencieux jusque-là, qui très sèchement recadre la réunion :

« Ce rendez-vous est non seulement avec la nation mais aussi avec l'Histoire, et le compte à rebours a commencé. En clair, cette nuit, vous vous débrouillez comme vous voulez, je vous veux tous mobilisés, totalement, tendus vers un seul objectif : faire de cette conférence l'un des plus grands points forts du quinquennat. »

Les présentations se succèdent, les rapports sur les positions des partenaires sociaux sont détaillés, les grands axes sont exposés l'un après l'autre. Après une courte pause, pendant laquelle le Président se lève et envoie quelques messages de son téléphone portable, le texte du discours est projeté sur l'écran en même temps qu'une dernière version papier, barrée de la mention « hautement confidentiel », est distribuée à chaque participant.

Et la tension monte de plusieurs crans.

Le conseiller économique reprend la charge, considérant que les termes choisis sont trop vagues. C'est en réalité une attaque directe à l'encontre du Secrétaire Général de l'Élysée qui, du coup, semble prêt à en découdre.

Le Président manifeste son impatience. On commence la relecture mot à mot du texte, en proposant des changements de formules qui sont tapés en direct par l'une des jeunes secrétaires de séance, installée avec ses trois confrères à une table en retrait. Elle ne frappe pas assez vite, ne comprend pas tout de suite les modifications demandées, les exigences fusent de droite et de gauche, le timbre des voix devient de plus en plus excédé.

Le Président est blême. Il est plus de 21 heures, le texte est toujours en chantier, le ton n'est pas trouvé.

Il se lève, replie les papiers devant lui. Son assistante rassemble le dossier. Toute l'assemblée est debout.

« Ça ne va pas. Ça ne va pas du tout. Je vais y travailler moi-même ce soir. Demain matin, j'ai quoi déjà ?

– Rendez-vous à 8 h 30 avec Monsieur le Ministre des Affaires Étrangères.

– Oui, l'Afrique. Vous commencez ici à 7 heures, je vous rejoins à 9 heures. Emmanuel, vous venez avec moi dans le bureau d'Aquilino. Je veux que nous fassions le point. »

IV

Le Secrétaire Général de l'Élysée les rejoint vers 21 h 30. Un bulletin complet arrive des médecins, il n'est pas bon.

« Monsieur le Président, elle ne pourra pas sortir ce soir, ni demain matin. »

Le Président est très contrarié.

« Mais comment est-ce possible, Pierre-René ? Vous m'aviez assuré qu'il n'y aurait pas de souci... »

Le conseiller en communication fait un grand geste d'impuissance :

« Je sais, mais ils lui ont prescrit des doses de cheval. Je vais vous dire, il faut éviter une catastrophe, du genre un malaise chez elle, une photo groggy dans l'ambulance ou, vous voyez, pire encore, qu'elle se lâche dans une interview sans être totalement dans son état normal... »

Le Secrétaire Général opine. Il ajoute :

« Tant pis. En tout état de cause, qu'elle soit sortie ou non ne changera pas grand-chose. Le mal est fait ; maintenant, notre souci jusqu'à demain soir est de gérer. »

Le conseiller économique s'agite :

« Gérer, oui, mais surtout extraire le Président de cette spirale infernale. La séquence que nous avons entamée est formidable. Entre les vœux, il y a quinze jours, et la conférence de demain, nous devons marquer l'Histoire. »

Le sourire narquois du Secrétaire Général s'estompe quand il constate que le Président, loin de se moquer, écoute avec attention et hoche la tête. Le conseiller politique objecte :

« Attendez, ne vous emballez pas. Monsieur le Président, votre destin peut aussi basculer cette nuit, s'il arrivait un malheur à l'hôpital. »

Il a douché l'ambiance. Le Président lève un sourcil, et interroge, sans regarder personne :

« Elle n'est pas dans ces dispositions-là, tout de même ?

– Elle joue ses dernières cartes, elle le sait, le moins que l'on puisse dire est qu'elle les utilise à bon escient, depuis trois jours... »

Les quatre hommes se taisent. Le conseiller économique reprend :

« Il faut garder le contrôle sur ce flanc-là. Et dans le discours de demain, il faut y aller très fort. Il sera difficile de trouver une conjonction aussi favorable.

– Que voulez-vous dire par là ?

– Les partenaires sociaux sont prêts à foncer avec nous, l'opinion attend un signal fort, et surtout, l'activité va repartir franchement dans les prochains mois. Il faut accompagner le mouvement, et dans la mesure du possible donner le sentiment que c'est nous qui l'avons initié. »

Le Secrétaire Général l'interrompt :

« Ce qui n'est que la vérité, Emmanuel ! Ce sont nos mesures qui vont porter les fruits attendus, notre action et elle seule, n'est-ce pas ? »

Le fougueux conseiller économique lui jette un regard et préfère ne pas lancer de polémique sur l'efficacité des actions passées. Le Président lance avec un petit coup de menton :

« Et si la croissance n'était pas au rendez-vous ?

– C'est-à-dire ?

– Eh bien, si l'année 2014 était beaucoup moins favorable que prévu ? J'ai trouvé nos amis bien peu sûrs d'eux, cet après-midi.

– Vous savez, les économistes sont dans le brouillard. À Bercy, ils le reconnaissent, ce n'est pas du pile ou face, mais pas loin...

– Donc, la mauvaise hypothèse n'est pas exclue, vous en convenez ?

– Ah çà ! je suis comme vous, je n'ai pas la foi du charbonnier, vraiment pas.

– Et dans ce cas ? »

Le conseiller économique marque un temps d'arrêt :

« Dans ce cas, vous le savez bien, ce serait grave. Ou plutôt non, ce serait entre grave et très, très grave... »

V

« Mon cher Emmanuel, vous aviez dans l'idée de me mettre davantage de pression pour demain après-midi ? Eh bien je vous félicite, c'est réussi. »

Le ton du Président est un rien grinçant :

« D'autant que mes splendides équipes n'ont pas été capables de me proposer un texte qui tienne réellement la route ! »

Le Secrétaire Général de l'Élysée blêmit. Il sait que le reproche est dirigé contre lui.

Le Président poursuit :

« Il est quoi ? 22 h 45, tout est parfait, dans moins de dix-huit heures nous aurons cinq cents requins qui vont m'attendre en bas, dans la salle des fêtes. Et là, au moment où je vous parle, je n'ai pas encore l'ombre d'un début de discours. Mais à part ça, tout va très bien... »

Le Président les regarde, l'un après l'autre. Ses trois collaborateurs ont presque la même réaction, ouvrant la bouche de concert. Il les fait taire d'un geste :

« Vous allez pondre le meilleur texte de votre vie. Parce que nous n'avons pas le choix. »

Toujours ensemble, ils opinent.

« Quant à moi, je vais regagner mon bureau, je vais réfléchir tranquillement, sans rien demander à personne, et surtout pas à vous ! Restez quand même près de vos téléphones.

– Oui chef ! »

Son conseiller économique est le plus jeune, c'est celui qui ose plaisanter, y compris dans les situations les plus pénibles :

« J'ai le dernier bulletin de l'hôpital. »

Le Président sursaute.

« Il dit quoi ?

– Elle dort à poings fermés, pour au moins dix heures, d'après eux.

– Ils contrôlent tout ? Je veux dire la tension, la respiration ?...

– La température... Oui, ne vous inquiétez pas, elle est bardée d'électrodes, on dirait un cosmonaute.

– Je veux quelqu'un sans cesse auprès d'elle, en continu. Un médecin. Et un policier à la porte. Vous m'entendez ? vingt-quatre heures sur vingt-quatre.

– Oui, je téléphone. »

Le conseiller appelle et donne les consignes en direct. Il raccroche, le Président ajoute :

« Vous les rappelez, et vous dites bien qu'elle ne doit pas s'approcher des fenêtres, qu'elle doit rester immobile.

– Elle dort, vous savez, elle dort et ne va pas se réveiller, je vous le garantis. Concentrez-vous sur demain. Nous nous occupons du reste.

– Vous ne bougez pas ?

– Non. Nous sommes tous en mode nuit blanche au bureau. Vous, par contre, vous devriez dormir, il faut que vous ayez les idées claires.

– Je vais avoir du mal. Ce n'est pas grave. Je prendrai un truc demain matin pour tenir le coup. »

Le Président se lève. Il leur adresse un clin d'œil.

Ce n'est qu'une fois la porte refermée sur lui qu'ils s'autorisent des grimaces d'inquiétude.

« Ça va être très, très dur... Je ne sais pas comment il va s'en sortir... »

VI

Enfin au calme, le Président goûte le silence de son bureau lambrissé d'or. Sa plume crisse sur le papier blanc.

Il a posé devant lui les textes tels qu'ils ont été ébauchés pendant la réunion de la soirée. Il rature, il barre, avant de décrocher l'un des téléphones fixes installés sur le petit pupitre près de son fauteuil.

« Claude, c'est moi… » Son interlocuteur, un ancien journaliste célèbre préférant demeurer en dehors des équipes du palais, lui répond longuement. Il reprend. « Elle dort. J'ai demandé à Aquilino de s'en occuper… Il ne manquerait plus que cela, oui… Vous avez raison, cela va de soi. Comment pourrions-nous évacuer le sujet, sans pour autant l'esquiver ? Oui, commencer par cela, ce n'est pas bête. Qui pourrait m'interroger ? Ah oui, l'association de la presse présidentielle, ce serait bien, très bien. Il acceptera, vous croyez ?… Il faudrait une formulation générale, pas trop précise… sur le statut de Première Dame, c'est une très bonne idée, vous savez, quelque chose de théorique, enfin non, d'institutionnel... Voilà, c'est exactement ça, il faut que ce soit désincarné... » Il a un bref éclat de rire. « Il faut bien border, de manière très précise... D'accord ? Nous faisons le point demain matin à la première heure... Oui, moi aussi, à demain. »

Après avoir reposé le combiné, il prend son portable d'un geste machinal et consulte ses messages.

Il saisit un paquet de feuilles blanches, son stylo, commence à écrire les premiers mots. Il parle à voix basse, répétant les formules qui lui semblent importantes. « Mesdames, Messieurs les ministres, Mesdames, Messieurs les journalistes, C'est la troisième conférence de presse depuis le début de mon quinquennat. J'avais, le 31 décembre, adressé mes vœux aux Français et tracé une feuille de route. Elle est simple : c'est le changement de la société française. » Il réfléchit, barre le mot « changement » et le remplace par « la mise en mouvement ».

Il murmure : « Pas mal, oui... Mais je ne vais pas y arriver, pas assez de temps... »

VII

Le Président ouvre la bouteille d'encre et se prépare à remplir le réservoir presque vide du stylo.
Pourquoi soudain lève-t-il la tête ? Geste machinal ? Son subconscient a-t-il pressenti quelque chose ?

Il fait littéralement un bond sur son fauteuil.

Dans la pénombre, en face de lui, totalement immobile, se détache une silhouette massive. « Je ne vous ai pas entendu entrer ! Vous m'avez fait peur. »

Jamais personne n'est introduit dans le bureau du Président sans être annoncé au préalable. Il est vrai que le protocole est moins strict au beau milieu de la nuit. La petite pendule de la cheminée, derrière le fauteuil, indique minuit.
Il ne distingue pas le visage de l'inconnu. Un officier de la sécurité ?

Il n'y a ni caméras ni micros dans la pièce. Le Président s'y est opposé, comme ses prédécesseurs. Les mesures de sécurité sont drastiques dans tout le périmètre du palais ; les jardins à l'anglaise en particulier, considérés comme le point faible de la zone en raison de la végétation et des bosquets fournis, font l'objet d'une surveillance stricte vingt-quatre heures sur vingt-quatre. Les toitures, la rue, les égouts, les immeubles alentour sont également sécurisés grâce à une sophistication technologique gardée secrète. Quant aux couloirs, escaliers, recoins et placards du bâtiment, ils sont placés sous visionnage croisé de caméras normales et infrarouges.

La seule justification d'une telle violation de l'intimité de l'occupant des lieux serait de réagir à un éventuel malaise ; ce risque-là est accepté, il existe d'ailleurs tout autant lors des séjours du Président dans les résidences privées.

L'inconnu ne bouge toujours pas. Il demeure figé dans la même attitude, la tête baissée, les yeux comme rivés au sol, les bras ballants.

Le Président a repris ses esprits, mais il est interloqué. Le plus étrange – quand, plus tard, il tentera de se remémorer minute par minute ces instants incroyables – est qu'à aucun moment il n'est tenté d'utiliser le bouton d'alarme. Il dispose sur lui d'un discret appareil qu'il peut actionner s'il l'estime nécessaire, quelle qu'en soit la raison, entraînant l'apparition immédiate du personnel chargé de sa sécurité personnelle.

Pourquoi n'a-t-il pas ce réflexe, pourquoi ne réagit-il pas, comme devrait l'y inciter la raison la plus élémentaire ?

Pourtant, une certaine angoisse monte, perceptible au ton de sa voix, quand il interroge, cherchant à comprendre :

« Que se passe-t-il, bon sang ? Qui êtes-vous ? »

Soudain la statue de cire paraît très légèrement s'animer. Alors que son visage demeure hiératique, ses jambes sont prises d'un court tremblement tandis qu'il retourne très lentement ses paumes ouvertes vers son interlocuteur.

Cette réaction infime provoque une sorte d'impulsion réflexe du Président. Il saute sur ses pieds si brutalement qu'il repousse le fauteuil loin derrière lui. D'un geste un peu dérisoire, il attrape le premier objet lourd à sa portée, un presse-papier, qu'il serre dans sa main droite, pour se défendre ou pour le lancer, il ne semble pas le savoir lui-même. D'une voix étranglée, il s'enquiert :

« Mais comment êtes-vous entré ? »

VIII

À cet instant, le Président n'a quasiment plus de doute : l'intrus est non seulement indésirable mais il est aussi parvenu à tromper l'ensemble du système de sécurité d'un lieu considéré comme le mieux gardé du pays. La seule véritable incertitude concerne ses intentions réelles.

De sa main libre, le Président dirige le faisceau de la lampe sur l'homme.

Tout est singulier dans son physique. Il est assez grand, plus que corpulent. L'obésité d'apparence est encore accentuée par ses ou plutôt par son vêtement. Il porte une pèlerine noire qui semble le couvrir de haut en bas. Son cou épais émerge du grand col relevé. Son visage est sans doute la partie étonnante de son anatomie. Il a la forme d'une poire. Ses bajoues sont imposantes. Il est assez mal rasé, ses cheveux font deux sortes d'ailes bouclées, au-dessus de l'oreille. Ses lèvres sont charnues. Surpris par la lumière, il plisse les paupières sur des yeux brun foncé. Ses abondants sourcils sont grisonnants. Sa peau jaunie est extraordinairement ridée.

Le Président repose le presse-papier. Il ne se sent plus menacé. D'évidence, il s'agit d'un homme âgé, voire d'un très grand vieillard.

« Je vous répète mes questions : qui êtes-vous, comment êtes-vous entré ici ? »

Le tremblement des jambes de l'homme s'accentue et s'étend peu à peu au reste du corps. Il éprouve quelques difficultés à se tenir debout, tout en continuant à fixer obstinément le sol. Ses lèvres demeurent soudées, mais, lentement, son bras gauche se détache de son corps et désigne un endroit, dans le fond gauche de la pièce.

Le Président tourne la lampe dans la direction indiquée et ce qu'il aperçoit le stupéfie littéralement.

À l'angle du grand bureau, dans la pénombre, une porte bâille au milieu du panneau chargé de dorures.

« Je rêve ou quoi ? Qu'est-ce que c'est que ce système ? »

Il contourne la table, fasciné par ce qu'il découvre. Il s'approche, il vient toucher le bois, comme pour s'assurer qu'il n'est pas l'objet d'une hallucination. Le battant pivote en effet sans peine quand on le tire en arrière. Le dos de l'étroit vantail est couvert de toiles d'araignée. Un petit escalier de pierre descend dans l'obscurité.

Il marmonne :

« Où va ce passage ? C'est incroyable ! Personne ne m'en a jamais parlé, c'est absolument fantastique... »

Pris d'une inspiration soudaine, il se retourne. Mais il n'a pas le loisir d'exprimer quoi que ce soit. L'homme vacille, il donne l'impression qu'il va s'effondrer sur place.

« Que vous arrive-t-il ? »

Il revient précipitamment vers le centre de la pièce. L'homme se saisit, d'un geste gauche, de l'accoudoir de l'un des trois fauteuils en face du bureau. Avec une sorte de geignement plaintif, il parvient à s'asseoir, à s'écrouler plutôt. Très lentement, il se redresse un peu ; il est livide, d'une pâleur extrême. Il respire avec difficulté.

Le Président reste debout. Il est revenu derrière le bureau. Il est embarrassé.

« Vous n'allez pas bien ? Vous vous sentez mal ? »

Il répugne à s'approcher du vieillard, comme retenu par une sorte d'instinct.

« Vous êtes réellement arrivé par là ? Dans votre état ? Comment vous êtes-vous retrouvé ici ? »

Le vieil homme ouvre et referme la bouche à plusieurs reprises. Enfin, il parvient à prendre une grande inspiration et à prononcer d'une voix à peine audible :

« Monseigneur, je l'ignore... »

IX

L'homme paraît faible et totalement hébété. Le Président en oublie un peu sa prévention initiale.

« Monseigneur, puis-je avoir un peu d'eau, je vous prie ? »

Le Président ouvre une bouteille en plastique et lui sert un verre ; l'autre l'avale lentement, semblant goûter chaque gorgée. Il est toujours d'une pâleur mortelle et des gouttes de sueur perlent sur son front avant de rouler dans les rides jusqu'au bord de ses joues.

« Mille mercis... Mon Dieu, que c'est bon.

– Monsieur, je souhaiterais que vous vous expliquiez. Comment connaissez-vous l'existence de cet escalier dérobé ? Comment vous retrouvez-vous ici, à cette heure de la nuit ? »

De nouveau l'homme le regarde en ouvrant des yeux incrédules.

« Je vous l'ai dit, Monseigneur... Je ne le sais, je ne me souviens point, tout me paraît tellement enténébré... »

Comme il constate l'agacement de plus en plus manifeste de son interlocuteur, il semble faire un effort de concentration, ferme les paupières longuement, puis finit par reprendre d'une voix un peu plus forte, en détachant bien ses mots :

« Comment ai-je pu me retrouver ici, vraiment, je n'en ai nulle souvenance... En revanche, quand j'ai retrouvé la conscience, j'ai reconnu le passage, oui. Je l'ai emprunté à plusieurs reprises, autrefois.

– À plusieurs reprises ? Vous êtes déjà venu ici par ce moyen ?

– En effet. Mais c'était il y a très longtemps, il y a des années. Nous sommes bien Faubourg Saint-Honoré, dans l'ancien hôtel d'Évreux, n'est-ce pas ? »

Le Président est de plus en plus sidéré par le tour que prend la conversation.

« L'hôtel d'Évreux, oui, enfin, il s'appelle l'Élysée, je vous le rappelle. Vous êtes historien ?

– Non, je suis banquier. » Il esquisse l'ébauche d'un sourire de satisfaction. « Tel est toujours mon métier.

– Banquier ? Mais que faites-vous à vous balader dans des souterrains en pleine nuit, et à votre âge en plus ? Vous souffrez d'Alzheimer, peut-être ? » Il poursuit, se parlant à lui-même : « Oui, c'est caractéristique... Il a dû connaître ce passage quand il était jeune, ce sont les souvenirs anciens qui remontent en cas de crise. » Il interroge en criant presque, comme si l'autre était sourd :

« Vous vous souvenez où vous habitez ?

– Moins fort, Monseigneur, moins fort, j'entends bien... Cette maison a appartenu à un autre banquier, savez-vous ?

– Euh non... Je l'ignorais... Pompidou, vous voulez dire ?

– À l'époque, elle avait été rebaptisée l'hôtel Beaujon, du nom même de ce banquier, Nicolas Beaujon. Il avait fait aménager bien des mécanismes subtils, dans toutes les pièces, derrière les boiseries, dans les cheminées. Vous l'ignorez ?

– Totalement. Vous me dites qu'il y a d'autres escaliers secrets ?

– Pas seulement. Sur la fin de sa vie, il ne pouvait plus marcher, et il aimait à se déplacer en toute discrétion d'une pièce à l'autre. Il était de mœurs... grivoises. »

Le Président s'impatiente :

« Oui, bon, pour être honnête, je m'en fiche un peu, mais il va falloir raconter cette histoire aux services de sécurité. Cela ne m'explique toujours pas comment vous vous êtes retrouvé dans cet escalier...

– Ah ! je vous le disais, je n'en ai pas souvenance.

– Oui, c'est vrai... Je vais appeler un médecin ; sincèrement, cette histoire va faire un pataquès gigantesque. Mais moi, j'ai à faire ce soir, ne m'en veuillez pas.

– La seule image qui me demeure en mémoire est cette sensation de suffocation, un soir, chez moi, dans le château de Coppet. »

X

Le Président sursaute :

« Copé ? Que vient-il faire dans ce micmac, celui-là ? »

L'autre fait moins de bruit en respirant, il parvient à se calmer peu à peu.

« Non, vous avez mal entendu. Je parle de Coppet, ma propriété des environs de Lausanne.

– Allons bon, vous êtes suisse maintenant ?

– En effet, citoyen helvétique, de confession protestante.

– Et banquier, c'est assez logique en fait.

– J'étais dans ma bibliothèque, je venais de recevoir une longue lettre de France, me racontant les horreurs de l'autre, l'usurpateur sanguinaire.

– De qui parlez-vous ?

– Comment ça, de qui ? De ce petit Corse, oui, le consul, le Bonaparte. Il ne m'avait pas fait si mauvaise impression pourtant, quand il avait voulu me rencontrer et me parler de la situation désastreuse des finances françaises... C'était avant qu'il ne s'en prenne à ma chère fille et ne la bannisse de Paris... »

Il s'anime soudain et claque son talon contre le sol d'un geste de fureur rentrée.

« Ce matin d'avril, hier, dans cette lettre, mon ami parisien me relatait en mots codés l'épouvantable exécution de Monseigneur le duc d'Enghien, dans les fossés de Vincennes. J'étais écrasé. Ces crimes ne devaient-ils donc pas cesser ? Depuis près de quinze ans, le sang coulait partout, pour de sombres raisons, y compris chez nous, dans ma chère Suisse natale. »

Le Président le regarde, de plus en plus déconcerté. Il recommence à sentir un vague trouble, une angoisse qu'il voudrait à tout prix dissiper. Il maugrée pour lui-même :

« Vraiment à l'ouest, le pauvre, je ne comprends pas un traître mot de ce qu'il raconte. »

Il ajoute, plus fort :

« C'était en avril, vous disiez ?

– Le 9 avril, oui, hier par conséquent.

– Euh... là non, nous sommes le 13 janvier. Ça nous fait tout de même un très gros trou. Bon, écoutez, mon cher Monsieur, il va vous falloir sans doute répondre à quelques questions un peu désagréables des services de sécurité, je vais essayer de leur expliquer au mieux, ils vont vous prendre en charge et chercheront avec vous à comprendre comment vous avez pu vous retrouver ici.

– M'aider à comprendre, je le voudrais moi aussi.

– Eh bien, c'est parfait, je vais vous redonner un peu d'eau, nous allons les attendre, ils seront là dans cinq minutes tout au plus... Quelle histoire, non mais quelle histoire ! »

Il s'apprête à appuyer sur le bouton de son téléphone, il n'estime plus nécessaire d'utiliser la solution d'urgence.

« Plus de quarante ans après, oui, au moins, pas loin de cinquante, et pourtant j'ai reconnu l'endroit tout de suite.

– Quarante ou cinquante ans ? C'est bien sous Pompidou, ou alors sous Giscard. Il faudra que je lui demande à l'occasion, quel cachottier celui-là. Je me demande bien à quoi lui servait cet escalier.

– Et c'est étrange, n'est-ce pas, je savais que j'allais vous rencontrer.

– Comment ça, vous le saviez ?

– Ce serait tellement difficile d'expliquer... Moi-même, je suis dépassé, vous pouvez m'en croire. Mais quand j'ai poussé l'huis dans le mur, je savais que j'allais vous y trouver. C'est vrai, vous lui ressemblez... Naturellement. »

XI

Sur le bureau, le mobile personnel du Président se met à vibrer.

« Vous permettez ?... »

Il s'assoit devant la table, et pivote vers la fenêtre pour être un peu plus discret.

« Allô Julie ? Cela me fait tellement plaisir que tu m'appelles... Je ne sais pas... Ah oui ! non, elle dort je crois, enfin, c'est ce qu'ils disaient à l'hôpital... Non, je n'en sais pas plus, enfin, à vrai dire, je n'ai pas eu de nouvelles... Si j'en ai demandé ? Non, pas depuis tout à l'heure, oui, il y a deux heures en effet... En fait, je n'y étais pas, pardonne-moi, je n'y étais vraiment pas... Mais, voyons ! Qu'est-ce que tu racontes ! C'est important, c'est très important même. Attends, demain à la conférence, il va falloir gérer le truc, ce ne sera pas simple, Claude fera débuter les questions par le sujet, tu vois... et comme ça, ensuite, on n'en parlera plus... »

Il se dandine sur son siège.

« Comme je te l'ai dit... Je pense que ce n'est pas plus mal. On règle tout d'un coup, tu vois, la rupture est consommée, pas besoin de communiqué, tu sais, du genre alambiqué... Oui c'est ça : "D'un commun accord, ils ont décidé de mettre un terme à leur relation..." Avec les rumeurs qui embrayent... Exactement, de toute façon, tout le monde savait plus ou moins... Ça, c'est vrai, je le retiens celui-là. Ce n'était pas très élégant... Oui, je te l'ai déjà dit, tu as eu cent fois raison... Voilà, un salopard, je suis d'accord... Évidemment, c'est décevant... Mais non, je ne répète pas tout ce que tu dis... En fait, tu vois, nous officialisons, d'une certaine manière... Oui, je te l'accorde, il y a mieux comme faire-part. »

Il éclate de rire.

« Après, en termes de communication, ce n'est pas forcément mauvais, tu vois, ça m'humanise. De surcroît, tu es une très belle jeune femme... Ben oui, évidemment que ça compte, à tout point de vue, d'ailleurs... Ah non ! ne m'appelle pas comme ça toi aussi, ils l'ont utilisé dans je ne sais plus quel canard... Une image de séducteur ? Je ne sais pas... Tu crois ? Tu sais, je me souviens du mariage de l'autre, à l'Élysée... au final, je ne suis pas sûr que ce fut réellement positif... Non, je suis d'accord, c'est différent... »

Une pensée lui traverse l'esprit. Ses yeux pétillent.

« Bon, au moins, on ne parlera plus de mon opération de la prostate... Arrête, je plaisante... Je le promets. »

Il pouffe, puis ne peut se retenir et rit de nouveau à gorge déployée :

« Je plaisante, je t'ai dit que je plaisantais ! Et puis tout de même, tu dois t'y faire, tu es avec un barbon qui doit te cacher... la belle princesse et le vieux monarque... »

Il a repris son stylo et dessine des formes géométriques sur un brouillon.

« Mais toi, tu supportes cette pression infâme ? Oui ? Tu me promets ? Tu sais, tu peux m'appeler à toute heure du jour, de la nuit... C'est toujours un pur bonheur, tu m'entends bien, un pur bonheur ! »

Le Président écoute, pendant un long moment, la femme lui parler. Il finit par répondre :

« Il s'agit de moi, de moi et d'elle, tu ne dois pas y prendre ta part... Je savais ce que je faisais, je te l'ai dit, dès la première minute... Mais non, voyons, elle va s'en remettre... Là, c'est dur, évidemment... Oui je suis au bureau, où veux-tu que je sois ? Tu penses que sinon je serais passé chez toi... Je vais y rester toute la nuit, voilà, je ne vais pas dormir... Si, j'aime assez quand tu me plains, quand tu me dorlotes... »

Une question étrange, soudain.

« Comment ? Si je suis seul ? »

Il se tourne vers le vieil homme, qui ne bouge pas, rivé à son siège, les yeux dans le vague.

« En fait, je ne peux pas te parler en... totale liberté, tu comprends ?... Non, tu ne comprends pas ?

Enfin, il m'arrive quelque chose d'assez sidérant, voilà, je ne peux pas te l'expliquer tout de suite... »

Il repose le stylo, essuie des poussières imaginaires sur la surface du bureau.

« Mais non, je ne suis pas bizarre... Je sais bien qu'il est 2 heures du matin... Il faut que je travaille à mon discours... Chercher à écourter, tu plaisantes ? Mais c'est une échéance capitale, tu peux l'entendre, n'est-ce pas ?... Je pourrai passer demain ?... Ne sois pas froide, je t'en supplie... Je n'ai pas de secret pour toi, je te raconterai tout... Il faut que je reprenne, le temps me manque, ne m'en veux pas... »

XII

Il éteint son téléphone, le regarde quelques instants, avec un demi-sourire absent. Il se retourne enfin vers le vieil homme.

« Bien, à nous ! Mon cher Monsieur, nous allons rester calmes, nous n'allons pas nous énerver, je vais appeler la sécurité, j'ai vraiment autre chose à faire ce soir que de m'occuper de vous. »

L'autre le regarde, pensif.

« Par Notre-Seigneur tout-puissant… Il lui ressemble, mon Dieu, c'est l'évidence. Plus petit certes, mais…

– Pardon ? Je ne vous entends pas bien… Je ressemble à qui exactement ?

– Monseigneur, vous êtes bien en charge des destinées de la France ?

– A priori, oui, en effet.

– Je ne vous connais pas, je ne vous ai jamais croisé à Paris du temps où j'y habitais. »

Le Président esquisse une mimique amusée.

« Monseigneur, vous me dites que des mois se sont écoulés depuis mon dernier souvenir, j'ignore totalement comment j'ai pu franchir la distance entre la Suisse et votre maison, puis me réveiller dans le petit escalier galant de Nicolas.

– Nicolas ? Son escalier galant ?

– Nicolas Beaujon, vous vous souvenez ?

– Ah oui ! » Il ajoute à demi-mot, pour lui-même : « Il ne va pas tarder à me dire que c'est moi qui perds la mémoire. »

« Cette aventure est un grand, un très grand mystère. Il n'en demeure pas moins qu'au moment où j'ai fait jouer le mécanisme secret, au moment où je me préparais à vous rencontrer, j'avais connaissance, certitude, intuition... quel mot conviendrait ?... non seulement de la personne que j'allais trouver derrière cette porte minuscule, mais aussi du besoin qu'elle pouvait avoir de moi, de ma compétence, de mes conseils. »

Le Président se préparait à appuyer sur le bouton d'appel. De nouveau, il suspend son geste.

« Moi, je pouvais avoir besoin de vous ?

– Précisément, Monseigneur. En cet instant, en ce moment de votre vie. Je vous le répète, ne m'exigez point des explications que je serais bien en peine de vous donner.

– Arrêtez avec cette manie de m'appeler Monseigneur, vous me prenez pour qui, à la fin ?

– Il m'est impossible de vous exprimer cette sorte de certitude. Je ne l'ai jamais connue auparavant.

Je suis un homme de finance, toute ma vie j'ai été rationnel et guidé par le désir d'une lucidité fondée d'abord sur la raison. Pour la première fois, veuillez m'en croire, je ressens ce sentiment qui m'est inconnu, au fond de moi, une force impérieuse, quelque chose qui m'intime l'ordre, c'est aussi puissant que cela, de vous apporter ce dont vous avez le désir.

– Cette nuit précisément, vous voyez, je ne suis pas sûr d'attendre les lumières d'un vieux banquier... totalement perché, ajoute-t-il d'une voix plus basse.

– Monseigneur, n'êtes-vous pas dans un grand embarras ? les moments à venir ne vont-ils pas être déterminants, absolument cruciaux pour l'avenir de la nation ?

– Je vous le concède, en effet. En bien des points, les heures qui viennent resteront sans doute parmi les plus importantes de ma vie politique, de ma vie tout court d'ailleurs.

– Il paraîtrait que je puis vous accompagner, vous fournir une aide. Nul doute que nous devons ensemble fouiller en ce sens. J'ai été modeste, bien sûr ; certes je suis banquier, mais si vous m'avez reconnu, vous savez aussi que j'ai eu l'immense honneur de servir les affaires publiques de ce grand pays.

– Si moi je vous ai reconnu ? Vous ne me connaissez pas, et moi je devrais vous situer ? Non, cher

Monsieur, désolé, je ne vois absolument pas qui vous êtes. »

L'autre paraît un peu chagriné. Le Président reprend :

« Au fait, à qui étais-je supposé ressembler, tout à l'heure ? À une personne que vous auriez servie, ici en France ?

– Monseigneur, voyons... Au Roi, naturellement. »

XIII

Le Président fronce les sourcils.

« De mieux en mieux. Je peux savoir à quel roi vous souhaitez me comparer ? »

Le vieil homme a un léger rictus, comme s'il n'estimait pas utile de préciser l'évidence :

« À Louis le Seizième, le roi martyr. »

Il a un léger tremblement dans la voix en prononçant ces mots. Le Président hausse les épaules :

« Décidément, vous êtes très branché dix-huitième siècle, mon cher. D'abord vous me parlez de ce banquier mort il y a deux siècles, et maintenant de Louis XVI. Si vraiment vous deviez m'apporter une aide quelconque, il faudrait vous intéresser un peu plus à aujourd'hui, ne croyez-vous pas ? »

L'autre roule des yeux, puis semble pris d'une sorte de spasme, comme un début de danse de Saint-Guy. Il parvient à éructer, d'un débit saccadé :

« Monseigneur, puis-je vous demander de répéter ? Il me semble que j'entends mal les mots que vous avez prononcés. »

Le Président est impressionné par la soudaine pâleur de son interlocuteur.

« Je vous disais que vous prétendez m'épauler, alors que vous ne me connaissez pas, ce qui, entre nous, est tout de même assez étonnant, même en Suisse, si je peux me permettre, et que vous n'arrêtiez pas de me bombarder de références historiques.

– Monseigneur, permettez-moi de vous demander quel jour nous sommes aujourd'hui ?

– Le 13, enfin non, le 14 janvier.

– Oui, mais de quelle année ? »

Il attend la réponse avec un sentiment d'angoisse extrême. Ses yeux sont écarquillés, sa respiration est haletante.

« Comment ça, de quelle année ? Mais 2014, évidemment ! »

La foudre tombant à l'instant sur le toit ne le ferait pas sursauter davantage :

« 2014 ? » Il répète lentement, en inspirant entre chaque mot : « Ah ! vous vous moquez, Monseigneur, vous vous jouez de moi, ce n'est pas bien, vous voyez que je ne suis point en état de le supporter. »

Une sueur subite lui mouille de nouveau tout le front.

« Mais enfin, non, nous sommes bien en 2014, si vous savez lire ce calendrier... et la date de tous ces journaux... Pourquoi ? En quelle année avez-vous eu votre malaise ? C'était il y a longtemps ? »

L'autre reste hébété un long moment, ses yeux sont perdus dans le vide, il semble totalement écrasé par ce qu'il vient d'entendre. Le Président finit par être ébranlé devant pareille émotion. Il se demande en effet si l'homme ne va pas avoir une attaque.

« Vous voulez encore un peu d'eau ? Vous ne me paraissez vraiment pas bien, je vais appeler de l'aide, je me demande pourquoi je ne l'ai pas encore fait, d'ailleurs.

– Monseigneur, comment exprimer pareille fantasmagorie ? Comment parviendrez-vous à me croire ?

– Vous croire, mais à propos de quoi ? Votre angoisse est communicative, nom de nom...

– Monseigneur, ce passage, cet escalier, toutes mes connaissances à propos de cette maison...

– Oui. Ça y est, vous vous souvenez de quelque chose ?

– Eh bien... Je les tiens de Monsieur Beaujon lui-même. Nous étions banquiers tous les deux. Nicolas Beaujon était l'un de mes amis. »

XIV

« Le plus étrange est que je ne parviens pas à vous jeter dehors, comme j'aurais dû le faire dès le début. Quelque chose me retient. Et ce quelque chose, cher Monsieur, je préfère ne pas le décrire, je crains la peur panique qui pourrait m'envahir. »

Le vieil homme ne bouge pas. Il a les yeux rivés au sol. Sa pèlerine est entrouverte. Le Président, de plus en plus agité, aperçoit un jabot, le col en grosse étoffe d'autrefois.

« Ce Nicolas Beaujon est mort en quelle année ?

– Monseigneur, ne parlez point de lui avec mépris. Monsieur Beaujon était mon aîné, il fut un banquier respectable doublé d'un homme de bien. Il fit beaucoup pour les enfants malades, il aimait et collectionnait les tableaux de grands peintres...

– En quelle année est-il mort, s'il vous plaît ?

– Je... Voyons... En l'an de grâce 1786. »

L'homme n'ose rien ajouter. Le Président, à son tour, accuse le coup. Il desserre le nœud de sa cravate et repousse un peu son siège, comme s'il tentait de mettre une certaine distance avec celui qui lui fait face.

« Donc, là, vous essayez de me faire avaler que vous arrivez de 1786...

– Non, Monseigneur, je suis né quant à moi en 1732.

– Ah bon, en effet, c'est mieux. Et votre dernier souvenir, votre malaise, c'était en quelle année ?

– 1804, Monseigneur. Je sais votre stupeur, j'éprouve la même en sens opposé. »

Le Président ôte ses lunettes, qu'il pose sur la table, puis se frotte le visage à plusieurs reprises de ses deux mains. Il remet les lunettes sur son nez. Sans doute aurait-il préféré voir un fauteuil vide en face de lui.

« Bon, plusieurs solutions. Soit un gag, soit une caméra cachée... on va dire que ce n'est pas le jour, ce serait trop gros. »

Il se lève, il commence à faire plusieurs va-et-vient entre la fenêtre et la petite porte dérobée. Le vieil homme reste assis. Il ne tourne pas la tête, le Président passe dans son dos, il le frôle mais ne le touche pas. Il se parle à lui-même.

« Attends, je n'arrive pas à me figurer que l'on ait pu me tendre un piège, que l'on construise un scénario aussi précis dans mon propre bureau, et... je suis sur le point d'accepter quelque chose de totalement ahurissant ; ou j'hallucine, je suis en train de rêver, je vais me réveiller, ou... je suis totalement fou. »

Il reprend son téléphone mobile. Il consulte la liste des appels passés et reçus.

« Vous m'avez entendu parler, tout à l'heure ?

– Oui, Monseigneur. Vous conversiez par cet étrange objet. Je n'écoutais pas, naturellement. Néanmoins, vos paroles semblaient destinées à une personne...

– D'accord, d'accord... »

Le Président semble plongé dans un abîme de perplexité.

« Monseigneur, permettez-moi de formuler une suggestion.

– Allez-y, je vous écoute.

– Cet événement est totalement prodigieux. Il nous dépasse l'un et l'autre, je crois qu'il ne nous appartient pas d'en trouver par la raison ni l'explication ni l'origine. En revanche, ce que je ressens avec toujours plus d'intensité, comment vous le décrire, au point de m'en provoquer la nausée, ce serait l'urgence, la nécessité absolument impérieuse de reprendre votre travail. La nuit avance, vous m'avez dit combien elle était capitale. Ma présence ici, cette extravagance – comment puis-je la qualifier ? – surnaturelle ne doit en aucun cas vous détourner de votre objet. »

Le Président hoche la tête et fait une moue appuyée.

« Qui que vous soyez, quel que soit votre âge réel, je dois reconnaître que votre conseil est assez sensé.

Quelle heure est-il ? Près de 2 heures… Je n'ai plus beaucoup de temps d'ici demain matin.

– Que devez-vous accomplir en une si courte période ?

– Je dois préparer, écrire un discours. Un texte très important, dont le but est de changer l'Histoire. Rien de moins.

– Je vais vous y aider. J'ignore quelle pourrait être la durée de cette parenthèse, de mon retour dans ce monde. La seule raison est de vous assister, j'en ai la certitude.

– Mais enfin, comment, cher Monsieur ? Vous ne me connaissez pas, et vous me semblez totalement ignorant de ce qui se passe dans le pays.

– Certes. Mais j'ai cependant l'expérience d'avoir administré les finances du royaume, d'avoir géré les affaires du gouvernement auprès de Sa Majesté. »

L'homme semble retrouver une énergie enfouie. Il se redresse un peu dans son fauteuil.

« Je n'en tire nulle fierté, mais je crois que le temps où j'exerçai ces fonctions fut l'un des plus tragiques de toute l'Histoire de France. Il m'est avis que cette expérience-là pourrait vous être de quelque utilité. »

XV

Le Président prend une profonde inspiration.

« Bon, c'est à moi d'avoir besoin d'un verre d'eau. Je vous avoue ne plus savoir quoi penser. Vous avez peut-être la nausée, moi j'ai l'impression de basculer dans la divagation, ou alors dans une ivresse totalement délirante.

– Monseigneur, je ne puis vous donner tort. »

Le Président, soudain, le regarde fixement :

« Je ne crois pas en Dieu.

– Moi, oui. Mais pour dire le vrai, cela ne change en rien le trouble immense que j'éprouve.

– Vous ne m'avez toujours pas dit qui vous êtes ?

– La poussière du temps jadis recouvre les noms. Je puis vous assurer avoir été bien connu à l'époque où j'exerçais à Versailles les plus hautes responsabilités.

– Vous vous appelez ?

– Je suis Jacques Necker – prononcez Nècre, je vous prie –, ancien Directeur Général du Trésor

Royal, ancien Ministre d'État de Sa Majesté le Roi de France, Louis XVI. »

De surprise, la bouche du Président s'arrondit.

« Non, c'est une blague... Vous prétendez être Necker ?

– Prononcez Nècre, Monseigneur...

– Et vous, cessez de me donner du Monseigneur à tout bout de champ.

– Mon nom vous est-il encore familier ?

– Ah oui ! évidemment... D'ailleurs, comme votre collègue Beaujon, des hôpitaux portent aujourd'hui vos noms. »

Le vieil homme paraît stupéfait. Il balbutie :

« Êtes-vous sûr, Monseigneur ? Deux siècles, deux siècles plus tard ? Est-ce bien celui de la rue de Sèvres ?

– Oui, l'hôpital des Enfants malades, toujours au même endroit, l'un des plus importants de France, du monde même. »

L'autre essuie une larme qui lui perle à l'œil.

« Sachez, Monseigneur, que j'éprouve un bonheur profond à entendre cette nouvelle. Peut-être n'ignorez-vous pas qu'en réalité, ce nom associé à cet établissement n'est point le mien, mais celui de ma si tendre, ma si belle épouse. Madame Necker avait porté cette œuvre magnifique, je m'étais contenté d'en plaider l'intérêt auprès du Roi. Il avait bien compris qu'il était important, quand la situation économique était si difficile, de se préoccuper du sort des indigents, et surtout des plus petits, des plus innocents d'entre eux. »

Le Président l'écoute sans l'interrompre. Il se murmure, presque à lui-même :

« Je n'y crois pas, je ne peux y croire. C'est inimaginable, c'est insensé, au-delà de toute raison... Il vous a suffi d'apprendre par cœur Wikipédia, me direz-vous. Ou alors je vais me réveiller, je vais revenir à la vie réelle, ce n'est pas possible. »

Le vieil homme a saisi une partie au moins des paroles.

« Monseigneur, nous ne devons pas perdre de vue l'unique exigence impérieuse : votre échéance, dans les heures qui viennent. Quant à moi, mes rendez-vous avec la grande Histoire sont passés depuis longtemps. Je le dis en 1804, l'année dans laquelle je suis toujours au fond de moi, je le répète avec plus d'insistance si vous ajoutez ces deux siècles incroyables... »

Le Président pianote sur son smartphone, il navigue sur internet, il interroge :

« Ah tiens ! en effet, le château de Coppet... Quand êtes-vous né exactement, quel jour ?

– En 1732, je vous l'ai dit. Le 30 septembre, à Genève. Monseigneur, je vous en prie...

– C'est exact. Et vous êtes réputé mort, c'est vrai, le 9 avril 1804. Quoi, que voulez-vous ?

– Monseigneur, les heures nous sont comptées à l'un et l'autre. N'entrons pas dans cette sorte d'examen. Je ne puis vous fournir les preuves que vous cherchez, car ce que nous vivons ne peut entrer dans la rationalité que nous chérissons l'un et l'autre. »

Le Président hoche la tête, tout en poursuivant sa lecture :

« Ah oui ! vous avez été au pouvoir jusqu'en 1789.

– 1790, Monseigneur, septembre 1790. Cinq années en premier lieu. J'ai été appelé par Sa Majesté en 1776, puis renvoyé en 1781. J'ai été ensuite rappelé en 1788, et de nouveau renvoyé le 11 juillet 1789. Dès le 16 juillet, le Roi m'a réintégré dans mes fonctions, avant que je ne décide de quitter définitivement le gouvernement et la France, en septembre 1790.

– Période ardue, pour le moins…

– Monseigneur, revenons à aujourd'hui. »

Soudain le Président repose son appareil :

« Dites, si vous êtes réellement celui que vous affirmez être…

– Oui, Monseigneur ?

– Je suis pris d'une forme d'inquiétude ; d'une angoisse, une très lourde angoisse. »

XVI

Le Président médite un long moment. Puis, comme s'il voulait réagir, il se saisit du téléphone, le regarde, le lui tend. L'autre retourne l'objet avec méfiance.

« Regardez la photo, enfin la reproduction de vous. »

L'autre pince un peu les lèvres et esquisse un sourire.

« Ah oui, en effet, c'est bien moi, c'est le portrait de Monsieur Duplessis. J'étais encore jeune, n'est-ce pas ? » Désignant le téléphone : « Cette petite chose est remarquable, la qualité de la miniature est parfaite. »

Il le lui rend.

« Je trouve beaucoup d'autres informations, sur vous, sur votre fille.

– Ah, Minette !

– C'est ainsi que vous la nommez ?

– Germaine, oui, depuis sa petite enfance. Elle fut, à mon épouse et moi, notre rayon de soleil, notre ravissement. Une enfant exquise d'intelligence et de délicatesse, devenue une femme tellement turbulente, et tellement attachante. L'opinion d'un père...

– Nous la connaissons sous son patronyme de femme mariée. Madame de Staël est l'une des plus grandes femmes de lettres de l'Histoire, l'une des plus respectées, l'une des plus admirées. »

Le vieil homme se mord les lèvres d'émotion.

« Encore une, vous me couvrez de fleurs, Monseigneur. Pour ces seules informations en provenance du futur, je vous bénis.

– Vous voulez connaître la date de sa mort ? et vos petits-enfants, arrière-petits-enfants ?

– Ah non ! Je vous en conjure ! »

Sa voix a changé subitement, elle semble étreinte par un trop-plein d'émotion, un flot de larmes lui vient aux yeux. Il s'appuie sur les deux accoudoirs à la fois, comme pour venir au plus près du bureau.

« Écartez cela, Monseigneur. Éloignez-le de ma vue. Je n'y avais point songé : si nous sommes aussi loin de mon temps, cela signifie aussi la disparition terrestre de tant d'êtres qui me sont chers. Mon Dieu, hier, je veux dire hier le 8 avril 1804, j'espérais sa visite et ses rires. Aujourd'hui, elle est morte, et ses enfants, et les enfants de ses enfants ? »

Le Président est mal à l'aise :

« Vous avez encore des descendants, ils sont mentionnés, je peux vous en donner la liste...

– Quel horrible sentiment de survivre à ceux qui vous furent chers ici-bas. Je vous en supplie, ne m'informez point du futur, je n'en veux rien connaître, surtout pas. Ne me dites point. J'ai tant connu la mort, de mon vivant.

– Je suis stupide, je m'en veux beaucoup, pardonnez-moi.

– C'est ma faute, Monseigneur, je dois avoir trop d'entrain pour une âme errante. Il n'est point de pire destinée. Je veux vous aider, puisqu'il me resterait cet ultime devoir. Ensuite, je prie pour très vite retrouver le repos dans l'Éternel, je voudrais que ce vieux corps usé retourne près de ma tendre épouse, qui m'attend dans le tombeau que nous édifiâmes pour l'un et l'autre.

– À vrai dire, je ne sais quoi vous demander. M'aider, mais de quelle manière ? »

Les deux hommes restent quelques instants silencieux, comme frappés l'un et l'autre par le caractère irréel de la situation.

« Quelle était la nature de la crainte que vous exprimiez, Monseigneur ? »

Le Président sursaute, sa tête dodeline un peu.

« Ma peur, ma très grande peur était que vous soyez réellement Jacques Necker.

– Je le suis ; et en quoi devez-vous le redouter ?

– Pour qu'une telle aventure stupéfiante puisse se concevoir, nous pouvons envisager deux hypothèses.

– La première ?

– Ce serait que vous eussiez à finir d'accomplir quelque chose de votre existence, quelque chose demeuré imparfait.

– Si le jour de ma perte de conscience était hier, si nous étions toujours en 1804, je vous dirais sans hésiter que je voudrais revenir sur les décisions que j'ai prises et celles que j'ai repoussées quand il m'appartenait de seconder Sa Majesté ; je porte cette terrible responsabilité vis-à-vis de tous ceux que je connaissais, et aussi de ceux que je ne connaissais point, qui ont perdu la vie dans ces événements que l'on appela la Révolution. Mais quelle serait la deuxième hypothèse ?

– Eh bien, ce serait que la gravité du moment présent, celui qu'il me revient de gérer, puisse justifier, expliquer cette situation surnaturelle que nous vivons cette nuit. Si, comme vous le suggérez, cette rencontre doit m'aider, c'est sans doute que nous sommes face à une éventualité aussi grave que celle de ce passé qui fut le vôtre.

– Une épouvante identique serait-elle en gestation ? »

Le Président fronce les sourcils et fait un geste comme pour repousser l'irrémédiable.

« Je ne peux même pas l'imaginer. »

XVII

« Vous n’avez pas le souvenir d’avoir été en position de... “revenant” à d’autres moments du passé ?

– Vous voulez dire, depuis ma... mort ? »

Il répugne à prononcer le mot.

« Oui, entre ce soir de 1804 et aujourd’hui, en cette nuit de 2014 ?

– Je n’en ai nul souvenir. Il est étonnant que vous me posiez cette question. Cette idée me traverse l’esprit également depuis tantôt.

– Ce serait le grand point d’interrogation : cet instant est-il unique ? Je ne peux, je n’espère le croire. Il scellerait son caractère dramatique.

– Monseigneur, quant à moi, j’ai le sentiment d’être le jouet d’une machinerie qui me dépasse. Est-ce mon premier retour, dois-je en connaître d’autres après celui-là ? Quand le Roi m’appela au chevet d’un pays tellement malade, j’ignorais quelle serait la durée de mes fonctions. Un protestant, roturier, étranger. Un assemblage aussi improbable était pure incongruité. Je n’ai rien reçu en échange de mon action auprès du Roi. J'ai employé une grande partie de ma propre fortune à sauver les finances du pays. Voilà qu'il semblerait que je doive y consacrer un peu de mon éternité. Jusqu'où me sera-t-il demandé de sacrifices pour sauver la France ?

– Il est vrai que votre lien avec notre pays est étrange... En parlant, je m'aperçois que je ne doute presque plus. »

Le Président semble se concentrer ; il tend le bras.

« Je voudrais un contact, un contact physique. »

L'homme le regarde ; il comprend, à son tour il avance la main. Au-dessus du bureau, les deux paumes se touchent.

« Vous avez la peau froide.

– Comme celle d'un vieillard, Monseigneur. C'est ainsi que me qualifie ma fille. Pardonnez ce présent, elle me le disait hier en me couvrant d'un plaid, alors que je sommeillais pendant ma sieste, devant la fenêtre ouverte.

– Hier, c'est-à-dire en 1804.

– Oui, Monseigneur, il faut l'accepter. Je suis toujours le 9 avril et je crois seulement que la seconde de ma mort, ou celle juste avant, s'étire de manière indéfinie.

– Je ne peux, il m'est impossible de l'admettre, et en même temps je l'admets. Je capitule. Vous dites vrai, il ne faut plus tenter d'y faire entrer l'intelligence. Échangeons, éclairez-moi sur le risque de basculement, faites-moi comprendre comment le tragique peut soudain s'imposer alors que la réalité d'aujourd'hui est tendue, certes… De là à envisager une nouvelle révolution… Je ne pressens pas l'imminence de ce tragique, dites-moi pourquoi j'ai tort. »

Le vieil homme soupire.

« Je ne peux vous en blâmer. Je me fis le même reproche. Et le Roi, et le gouvernement, et la Cour, nous souffrîmes tous de la même cécité. Les nuages viraient du gris au noir, et nous ne pûmes croire en la violence de l'orage qui tous allait nous submerger.

– Avec le recul, quels sont les facteurs que vous estimeriez à l'origine première du dérèglement ; je veux dire du déclenchement, de l'enchaînement fatal ?

– J'ai écrit à ce sujet, savez-vous ? Je suis revenu sur les différentes périodes dont je fus le témoin privilégié, à commencer par le début du règne, et jusqu'à l'été 1789, quand les grandes fissures ont largement commencé d'apparaître.

– Et si vous deviez résumer votre thèse ? Nous n'avons pas beaucoup de temps, vous le savez.

– J'insisterais sur deux aspects dominants : le premier serait la déconsidération progressive de l'État, dont le martyre du Roi ne fut que l'ultime avatar. Et le second, peut-être le plus important, fut la responsabilité très lourde de ce même État dans la perte de prospérité économique, puis dans son incapacité de la rétablir, et pire encore, dans les conséquences funestes de ses actions censées, à l'origine, redresser les déséquilibres.

– Un dérèglement des institutions et de l'économie ; je résume bien ?

– Parfaitement, Monseigneur.

– Je crois en effet que nous avons beaucoup de choses à nous dire. »

XVIII

« Commençons par l'impasse économique, voulez-vous ? S'il y avait un danger d'implosion de la société française de nos jours, ce serait en raison du délitement de notre capacité de production.

– De surcroît, Monseigneur, ce domaine est bien celui qui m'est le plus familier. Je réitère mon affirmation : à de très rares exceptions près, les troubles sociaux proviennent d'abord des embarras se produisant dans la création de richesse. Votre époque ne diffère pas des précédentes et la grande ignorance des politiques de ce pays est de minimiser ce risque-là.

– Ce sera le thème principal de mon discours tout à l'heure, si toutefois je parviens à le préparer. La France est toujours l'un des plus puissants pays du monde, néanmoins, son dynamisme s'étiole, les conséquences pour la population sont de plus en plus perceptibles. Avant cette nuit, je présumais que le risque était celui d'un lent pourrissement, non d'une déflagration brutale.

– Monseigneur, la grande rupture est provoquée par une lente détérioration, souterraine, silencieuse, étalée sur des lustres, parfois sur des siècles.

– Une sorte d'héritage dont nous devrons assumer les retombées.

– Précisément. Puis-je vous raconter la manière dont je pris conscience aiguë du mal dont souffrait la France ?

– Vous vous souvenez que l'horloge tourne et qu'en l'état actuel des choses, je ne dors pas, je n'avance pas, je n'écris pas. En clair, je cours à un fiasco mémorable dans la salle des fêtes de ce palais… »

Le vieil homme tique.

« De quel palais parlez-vous ?

– D'ici, de l'Élysée, qui fut autrefois l'hôtel, comment dites-vous ?… Beaujon ? »

L'autre paraît abasourdi.

« Ah ! nous ne sommes pas dans votre logis ? »

Le Président s'amuse :

« Chez moi ? Pas du tout ! Nous sommes dans le bureau du chef de l'État. »

C'est au tour du vieil homme de sembler frappé de stupeur. Il répète :

« Du chef de l'État ? De la France ?

– Oui, bien sûr, de la France, pas de la Belgique ! En l'occurrence, j'en suis le locataire, pour quelques années encore, je l'espère. »

Le Président s'agace un peu. L'homme se saisit le front. Il passe la main droite sur ses yeux.

« Mon Dieu, l'hôtel Beaujon... C'est épouvantable ! Et vous vous prétendez un pays puissant ? J'en ai presque honte...

– Je ne vois pas en quoi cela vous choque. Ce n'est pas si mal ici, tout de même ! »

Le Président jette malgré lui un coup d'œil circulaire à la grande pièce lambrissée.

« En quoi cela me choque-t-il ? Mais quelle déchéance, mon Dieu, quelle déchéance ! Ah ! si nous avions pu imaginer cela, Monsieur Beaujon et moi-même, quand je le visitais ici ! La plus grande des nations du monde, dans cette maison de campagne...

– N'exagérons rien, c'est un palais tout de même.

– Un palais ? Vous raillez, je suppose ? Et Versailles ? Et le Louvre ? Et les Tuileries ?

– Les Tuileries sont détruites et les deux autres ont été transformés en musées. Mais la république ne s'en porte pas plus mal.

– Il faudrait savoir, Monseigneur ! »

C'est la première fois que le vieil homme adopte un ton plus cassant.

« Êtes-vous au bord du précipice ou la France se satisfait-elle d'une petite condition d'épicier ?

– Les symboles ont changé, cher Monsieur. Les grands souverains ne bâtissent plus de pyramides... »

Il semble songer soudain à la construction en verre de l'un de ses prédécesseurs, à l'entrée du Louvre justement.

« Enfin, disons qu'il n'y a pas seulement l'architecture pour exprimer la grandeur !

– J'ose l'espérer ! Il y a les manufactures, les paysans, les armées, les penseurs, les poètes, les artistes. Mais aussi les constructions qui témoignent de leur force.

– Si je suis lucide, je dois le reconnaître : dans tous les domaines que vous évoquez, la France est toujours présente, mais n'est plus la première... D'assez loin, en fait.

– Ainsi, je voulais vous conter les affres d'une nation vivant au-dessus de ses moyens depuis des siècles, et je m'interroge soudain : si le mal avait changé radicalement de nature et ne résidait pas surtout dans son manque, voire dans sa perte d'ambition ? »

Le Président fronce ses lèvres :

« Aïe, vous touchez juste, monsieur le fantôme. Je crains que la France actuelle ne vive au-dessus de ses moyens, et qu'elle n'ait aussi perdu son ambition. »

XIX

« Monseigneur, je connais mal le passé de votre pays, mais par exemple, le siècle de Sa Majesté Louis le Quatorzième, s'il en reste des trésors architecturaux, intellectuels, un prestige inégalé, a aussi légué un endettement dépassant l'entendement, un déséquilibre des finances qui ne fut jamais résorbé.

– Il y avait Colbert, tout de même. J'ai un ministre du Redressement productif qui s'en réclame à tort et à travers.

– Le grand Colbert était mon modèle, c'est en écrivant sur son œuvre qu'en quelque sorte j'ai lancé ma carrière politique ; nul doute que si cet immense serviteur de l'État eût été mieux écouté quand il usait d'une parole sage quoique désagréable à l'oreille, s'il eût vécu plus longtemps, une grande partie des folies du siècle suivant eût été évitée.

– Du siècle suivant, c'est-à-dire du vôtre, n'est-ce pas ? Vous vous incluez bien dans le cercle des responsables ?

– L'esprit de mon action tout entière fut d'extraire ce pays de la spirale mortifère dans laquelle il était enfermé. Je dressai un constat objectif bien avant d'être appelé par Sa Majesté. Quand j'arrivai en provenance de ma chère Suisse, nous fîmes, mon épouse et moi, un long voyage dans le royaume, pour mon enseignement et pour notre divertissement, bien sûr. Au demeurant, ne m'affligez point : la France est-elle toujours aussi belle ?

– Sans doute moins qu'à votre époque, mais oui, tout de même, ce serait toujours l'un des pays les plus divers, les plus agréables de la planète.

– Monseigneur, mieux que cela, cette terre est bénie, un pays de cocagne où, quand les habitants ne coupent point la tête de leurs semblables, les capitaux et les meilleurs esprits affluent du monde entier. Est-il endroit plus agréable que Paris pour séjourner autant que pour se distraire et pour travailler ? J'en eus le cœur brisé quand je fus contraint à l'exil. Quant à ma très chère fille, je puis dire qu'elle ne s'en remit jamais vraiment... La peste soit de Bonaparte... »

Le Président fait un geste de la main pour lui intimer de revenir à l'essentiel.

« C'est au cours d'un voyage que vous avez eu l'expérience du déséquilibre des finances, c'est bien cela ?

– Monseigneur, cette vérité éclatait au premier regard. Les dépenses, le train de vie des régions, des villes, des paroisses, du pays tout entier étaient remarquables, mais évidemment trop élevés, comparés à sa production de richesse. »

Le Président ajoute, se parlant à lui-même :

« Un niveau de dépenses publiques rapporté au PIB bien trop élevé...

– Plaît-il ? Monseigneur, je n'entends point le langage que vous utilisez...

– Rassurez-vous, il n'est pas davantage compris par la plus grande part de mes contemporains, y compris des députés de ma majorité, et ne parlons pas de mes opposants. Êtes-vous parvenu à en convaincre quelques-uns, au moins ?

– Pensez donc ! Chacun chérissait les marques de la puissance du pays, les signes de son éclatant génie, sans jamais s'enquérir de sa capacité réelle d'assumer autant de merveilles et de gabegies réunies. Ah ! pour avoir de belles routes, de belles demeures, de beaux vaisseaux, là nous n'avions guère de réticences. En revanche, quand il était question de rembourser les dettes, dominait la plus scandaleuse des désinvoltures, et ce jusqu'aux plus hautes personnalités au sein du Grand Conseil.

– Et la Reine, surnommée Madame Déficit...

– Certes. Vous avez conservé le souvenir de ce sobriquet irrespectueux ? Ce fut loin d'être le plus affreux, du reste. Le peuple fut d'une cruauté terrible envers elle. J'eus parfois à souffrir de ses jugements en ma défaveur et pourtant je ne l'accable point. Elle fut loin d'être la plus écervelée, et comprit vite qu'il était indispensable d'infléchir une trajectoire nous menant à la catastrophe. Elle ne fut point toujours bien conseillée, mais jamais ne manqua de se tenir aux côtés du Roi, y compris dans les heures les plus sombres. Quant au déficit, ce pourrait être le maître mot des politiques françaises, avant et après.

– Beaucoup de nos alliés d'Europe vous donneraient raison. Dites-moi à quel moment se produisit la prise de conscience ? Intervint-elle tardivement ?

– Qu'entendez-vous par prise de conscience ? J'oserais vous affirmer qu'elle n'a point eu lieu, Monseigneur. Dans ce pays, l'art suprême est celui de l'éloquence, on se délecte d'envolées lyriques, puis les meilleures volontés se délitent au moment de l'action.

– Dans quelques heures, on attend que je parle, que je me plie à l'exercice d'éloquence, comme vous dites...

– Si après-demain vous n'agissez point, on vous attendra plus encore.

– Il faut que nous avancions sur mon texte, c'est une question de vie ou de mort !

– Cette expression m'horrifie.

– Je plaisantais.

– Pas moi. »

XX

« Dites, cher Monsieur Necker, je lis sur vous certains commentaires d'historiens savants de notre époque. Ils n'y vont pas avec le dos de la cuiller. À propos de votre méthode : "Pas de grande réforme, des réformes de détail, peu de plans, chaque jour ce que les circonstances permettent ; renvoyer les difficultés à plus tard, ce qui diffère beaucoup du programme dont la pompe remplit les pages de ses livres." Un peu rude, non ? »

Le vieil homme s'empourpre légèrement. Sa lèvre frémit, il frappe à petits coups de poing sur l'accoudoir.

« Ah mais, Monseigneur, vous avez décidé de me donner du chagrin ? »

Il paraît vraiment ému. Le Président secoue la main.

« Je reconnais être taquin. Je vais arrêter avec cet appareil maudit. »

Il repose le téléphone.

« Ne m'en veuillez pas. Ce jugement a dû retenir mon attention parce qu'il correspond très exactement à celui qui est formulé à mon encontre. Je vous assure, au mot près. Je ne suis pas comme vous, moi, j'en ai pris mon parti.

– Monseigneur, sans doute êtes-vous dans le vrai, et je me blâme de demeurer si sensible à la critique, alors que mon séjour de ce côté des vivants est terminé depuis longtemps. En vérité, si je suis honnête, eh bien je vous le confesse : cette description n'est point fausse. Elle est même à la racine de mon remords. Celui d'avoir su, celui d'avoir voulu, celui de ne point avoir fait.

– C'est une solennelle mise en garde, en fait, à votre corps défendant.

– Monseigneur, je suis étreint par la férocité de ces chroniqueurs à mon endroit. Vous vous devez de la méditer. Il n'est pire malédiction que d'avoir perçu les décisions qu'il convenait de prendre et de les avoir repoussées par vanité, par pure vanité. Ma plus grande folie : avoir voulu durer. J'étais enivré de Versailles, chaque matin, je me crus un grand homme. Et Monseigneur, quand vous vient le contentement du parcours réalisé, vous avez tôt fait de vous cantonner à l'immobilisme sous couvert d'éclats d'apparence.

– Peut-être avez-vous commencé de me donner la leçon, Monsieur le Financier. Me voilà pris à mon propre sarcasme. Cette petite note que je vous ai lue se retourne contre moi. Mon maître absolu disait qu'en politique il n'est d'autre victoire que de durer. Je l'ai par trop écouté.

– Vous aussi auriez le travers de contourner l'obstacle plutôt que l'affronter de face ? »

Le Président est pensif.

« Au fond, il m'est assez bon de vous confesser ce genre de chose. Comme vous le suggériez, les lieux de pouvoir grouillent, sans doute comme jadis, de mille et un auxiliaires, courtisans, serviteurs, mais il n'est personne, vraiment personne, avec qui vous puissiez reconnaître vos erreurs.

– Le pire, Monseigneur, est qu'à force de les taire, vous pourriez finir par les oublier vous-même ! »

Le Président cille un peu.

« Nous commençons mon discours ? J'écris et vous me corrigez ? »

Il décapuchonne le stylo, la plume gratte le papier sans laisser de trace, il est vide.

« Puis-je vous fournir ce dont vous avez besoin ? »

Le vieil homme sort de sa poche intérieure une liasse de parchemin, des plumes d'oie et une petite bouteille blanche qu'il ouvre.

« L'écriture est ma vie, j'ai toujours le nécessaire sur moi... »

Le Président regarde les objets avec étonnement.

« Les plumes sont bonnes, je les ai taillées moi-même ce matin. »

Le Président hésite, il effleure le grain de la feuille épaisse au pourtour inégal.

« Ne m'en veuillez pas, mais je préfère la qualité d'aujourd'hui... »

Il reprend sur son bureau le bloc-notes sur lequel il avait commencé d'écrire au début de la soirée.

« Vous permettez ? »

Le vieil homme se penche en avant et fait glisser le papier entre son pouce et son index ; il le caresse longuement.

« Magnifique de douceur, Monseigneur, magnifique ! fait-il, rêveur.

– Je vais tout de même tenter l'expérience de votre si belle plume d'oiseau ! »

Il se saisit de la plus grande, la trempe dans le petit encrier blanc. Il n'a pas le temps de la poser au contact de la feuille qu'une grosse goutte d'encre perle et explose en un pâté imposant.

« Je puis vous montrer, Monseigneur...

– Non, vous êtes gentil, je reprends mon stylo, moins romantique, plus efficace. »

Il le remplit et commence à griffonner sous la grosse tache noire :

« Je suis bon élève. Je dois marquer la solennité du moment, je dois affirmer ce en quoi je crois, alors que la situation se dégrade et que l'on attend de moi un cap, une stratégie, une direction.

– On attend donc de vous que vous soyez différent de ce que vous fûtes jusque-là ! »

XXI

« Je pourrais débuter ainsi, qu'en pensez-vous ? "Une France maîtresse de son destin doit retrouver la prospérité..."

– Monseigneur... M'autorisez-vous à vous reprendre ? Vous devez vous obliger à plus de puissance. Ne l'oubliez point, cette conviction est la vôtre, certes, mais elle n'est partagée que par une infime minorité. Or il vous faut exhorter le plus grand nombre. Il en va de l'avenir du pays. Il n'est point de demi-mesure. Ou vous ferez partie des faibles, ou vous conserverez votre place parmi les forts. Ce fut pareille alternative qui me sembla l'horizon de mon époque. »

Le Président rature. Il relit :

« Bon, alors, version plus corsée : "J'ai une conviction profonde. Si la France veut garder son influence dans le monde, si elle entend peser sur le cours des événements en Europe, elle doit retrouver la force économique." Pas mal, non ? »

Les yeux du vieil homme scintillent. Il est évident qu'il est passionné par l'exercice.

« Vous devez évoquer aussi l'importance de maîtriser le cours des événements. Rien n'est plus tragique pour une si grande nation que de perdre sa disposition à décider seule de son avenir. Un tel malheur entraîne des lamentations durables, car il n'est pire sensation pour un peuple que de sentir un joug étranger, et le temps pour s'y soustraire est toujours terriblement long.

– Oui, je suis d'accord. J'ajoute à ma tirade : "Si la France veut garder la maîtrise de son destin", c'est l'enjeu, oui, c'est l'enjeu terrible... »

Le Président semble reprendre son souffle en soulignant la phrase. Il relève la tête.

« Dites, vous vous rendez compte que le Président de la République de 2014 est en train de se faire aider par le ministre de Louis XVI ? Tout de même, c'est grandiose !

– Comment avez-vous dit ? Président ? »

Un éclair de méfiance est passé dans le regard de l'homme.

« Vous n'êtes point le Roi... Je m'en doutais.

– Non, mais je suis tout de même le chef de l'État. »

Le Président semble bomber le torse puis toussote comme s'il s'en voulait du soupçon d'arrogance qui l'a traversé.

« Puis-je vous demander pourquoi vous aviez ce pressentiment ?

– Monseigneur, n'en prenez pas ombrage... Vous n'êtes point de sang royal, c'est l'évidence, il vous manque la majesté. On l'a ou on ne l'a point, voilà tout. »

Le Président paraît un peu piqué au vif.

« Tout à l'heure, j'ai bien noté, vous avez dit que je lui ressemblais, ce sont les termes que vous avez utilisés, n'est-ce pas ? De qui parliez-vous, rappelez-moi ?

– De Sa Majesté, je vous l'ai dit.

– Vous voyez bien ! »

L'homme fait une petite moue, il pèse ses mots, comme pour ne pas trop heurter son interlocuteur.

« Vous avez son regard, vous avez un peu sa voix, c'est étonnant ; et un peu son physique, en légèrement moins grand. »

Le Président sourit :

« Et en moins enveloppé, j'espère ?

– Au point qu'un instant, je me suis demandé si vous pouviez être son héritier, si la royauté avait pu être rétablie, après ces années de folie.

– Elle l'a été, en effet, peu après votre... disparition. Les frères de Louis XVI ont été couronnés ; et Louis-Philippe d'Orléans aussi. Tout cela s'est terminé par une autre révolution, en 1848... Vous ne le saviez pas ? »

L'autre secoue la tête avec lenteur. Il est pensif, il contracte ses lèvres avant de lâcher :

« Provence et Artois ont régné ? Et Orléans ?... 1848, le fils du félon, je suppose. Je suis heureux de ne point avoir vécu tout cela. Dieu m'a fait une très belle faveur de m'endormir pendant ce temps, j'aurais développé des humeurs autrement plus aigres si j'avais assisté, même de loin, à pareils scandales.

– Quant au Bonaparte, je ne résiste pas au plaisir de vous informer de son sacre, et comme empereur de surcroît !

– Il a osé, le fourbe ?

– Je crois que vous l'avez vraiment raté de peu. Oui, c'est cela, en décembre 1804.

– J'en eus été achevé !

– Figurez-vous que mon prédécesseur est réputé lui ressembler, au physique et au caractère. Mais le génie en moins.

– Il ne doit point lui rester grand-chose alors ! »

Le Président jubile.

« Des scandales, il y en eut beaucoup d'autres en plus de deux siècles, et certains bien pires, je vous l'assure.

– Espérons ensemble que le prochain n'est point dans quelques heures... »

XXII

« Monseigneur, dans votre discours, vous devez encore évoquer la condition première pour permettre au pays de retrouver sa fierté pleine et entière.

– Laquelle ?

– Celle pour laquelle je combattis, en vain. Celle qui fut à l'origine de toutes les tragédies : l'équilibre des finances de la nation !

– Vous savez, cette sorte d'allusion n'est pas trop du goût de l'opinion, de mes ministres et moins encore de ma majorité.

– Je le sais d'expérience ! On préfère le cliquètement des armes, le lustre des victoires.

– Le prestige militaire n'est plus tellement à la mode.

– Quoi qu'il en soit, il faut brusquer le peuple et les élites, les obliger à regarder la vérité en face ; pour qu'ils acceptent ensuite la potion amère qu'il sera nécessaire de leur administrer. Vous devez définir un pacte, noir sur blanc ! »

Le Président sourit :

« Un pacte ? Vous utilisez ce terme, vous aussi ? Je suis d'accord avec vous ! Je me range à votre opinion, vous notez combien je suis conciliant...

– Je le note, Monseigneur, je le note. Cependant, cette qualité-là ne devrait pas être celle d'un grand dirigeant, qui doit demeurer ferme dans ses opinions et refuser la conciliation... »

Le Président ne relève pas.

« Bon, je tourne la formule idoine : "Face à la crise, il y a..." Non, je dois exprimer que les choses sont en cours de changement. "Face à la crise terrible, il y a eu une fuite en avant..."

– Excellent, Monseigneur !

– "... Il y a eu une fuite en avant depuis trop longtemps..." Cette allusion sera pour vous et vos leçons. "... avec un creusement des déficits". Cela vous convient ?

– Plus précis, je vous en conjure !

– "Un creusement des déficits publics", là c'est clair !

– Ça l'est, en effet.

– Comme il est clair qu'avec ce genre d'allusion, je me mets à dos 5 millions de fonctionnaires qui ont voté pour moi à plus de 75 %... »

Il repose la feuille, fait pivoter son fauteuil, nettoie ses lunettes. Accoudé sur ses genoux, il lit une première fois à voix basse, puis plus haut. En face de lui, le vieil homme hoche la tête.

« Ces phrases trouvent un écho presque parfait à la situation du règne que j'eus l'honneur de gérer, du moins en partie. Ne cherchez point d'autre explication à notre rencontre. Nous vivons les mêmes événements, cette évidence est proprement étonnante ! La seule énigme est l'issue tragique ou non, qui conclura votre époque... »

Le Président relit encore à voix basse, comme s'il n'avait pas écouté les derniers mots. Il redresse la tête à brûle-pourpoint.

« Louis XVI monte sur le trône en 1770, à peu près ?

– Mais non, en 1774 !

– Ce n'est pas loin...

– Pardon, Monseigneur, mais vous me semblez connaître si bien la chronologie des événements de la tourmente ensuite, comment pouvez-vous ne pas maîtriser la date des sacres de vos rois ? Il était tellement remarquable que depuis 1610 il n'y en eût que quatre... Quatre rois pour près de deux cents ans !

– Je reconnais que cette longévité est remarquable. Mais, voyez-vous, l'Histoire se charge d'une hiérarchie du calendrier qui pourrait sans doute surprendre les contemporains, autant pour les événements saillants que pour ceux tombant dans l'oubli.

– Cela est juste. Et vous, Monseigneur ? Pensez-vous que votre règne...

– Mon mandat.

– Pardon, votre mandat deviendra-t-il "saillant" pour la postérité ou, au contraire, sombrera-t-il dans l'oubli ?

– Cela peut dépendre en partie de ce qui se passera tout à l'heure. Les mots que vous voulez que je prononce sont forts. Peut-être trop, non ?

– Je ne le crois guère. Ils me semblent dans la cohérence d'une ambition des plus grandes.

– C'est votre avis, un avis peut-être daté, qui sait ? Si cela ne vous ennuie pas, j'ai envie de pratiquer un test avec mes conseillers…

– À cette heure de la nuit ?

– Il ne manquerait plus qu'ils dorment ! J'ai demandé la mobilisation totale autour de moi ; nous sommes à la veille d'une sorte de bataille, disons plutôt soit d'une victoire, soit d'une défaite dont les conséquences pourraient être incalculables.

– Faut-il que je sorte, que je regagne le passage ?

– Non, nous allons faire une conférence téléphonique. »

XXIII

« Cet appareil permet de transporter les voix à distance.

– Par quel prodige ?

– Par impulsions électriques... Enfin bref, vous voyez, il m'est plus difficile à moi de vous expliquer les technologies de notre époque qu'à vous de retrouver les similitudes de nos gouvernements.

– Et de nos errements respectifs. »

Le Président décroche le combiné. Il s'apprête à composer le numéro de son conseiller économique.

« Il faudrait que je vous montre toutes les innovations de la modernité, les moteurs, les voitures sans chevaux, les lumières, les ascenseurs, les avions, la télé... Vous ne voudriez pas que nous fassions un tour ensemble ? »

Il s'interrompt.

« Emmanuel ? c'est moi. Vous ne dormez pas ?... Moi non plus. Dites, j'avance bien, je voudrais que vous m'écoutiez pour un essai... Non, ce n'est pas la peine de venir, juste quelques minutes, et je me remets au travail... Vous appelez notre petit marquis et nous faisons le point à trois... Non pas par visio, par téléphone simple... Allez-y, j'attends... »

Il branche le haut-parleur et masque le micro d'une main. Une musique d'attente se fait entendre.

« Qu'en pensez-vous, Monsieur Necker ? Une visite dans le futur, vous ne pouvez même pas imaginer le choc que vous allez recevoir. »

Le vieil homme hoche la tête doucement :

« Monseigneur, je ne crois pas que je disposerai du temps nécessaire. Mon passage ici sera bref, je le pressens, très bref. De surcroît, je suis affaibli... Et je ne suis pas sûr d'avoir seulement envie de découvrir ces choses mystérieuses que vous évoquez.

– Je vous assure, vous avez tort, ce sont des prodiges que nous avons inventés.

– Si le soleil au couchant est toujours aussi beau, je crois préférer emporter dans l'au-delà les souvenirs de mon monde, comme vous dites. Ils me suffisent... D'ailleurs, voudriez-vous, vous, de votre côté, me suivre dans le petit escalier dérobé ?

– Pardon ? »

Les deux voix se font entendre.

« C'est Aquilino, je suis tout ouïe.

– Donc, nous sommes d'accord pour le début. On commence par l'évacuation sanitaire.

– Jolie formule. Vous parlez de la question sur le statut de la Première Dame ?

– Oui, au fait, quelles nouvelles de l'hôpital ?

– Je croyais que vous les aviez appelés.

– Non, je n'ai vraiment pas eu le temps. »

Il jette un coup d'œil au vieil homme qui a fermé les paupières. Sa poitrine monte et descend au rythme de sa respiration. Il ajoute :

« Et je vous avoue que cela m'est un peu sorti de la tête.

– Ah bon ? »

Le conseiller ne cache pas son étonnement.

« Eh bien oui, je suis totalement pris par la conférence, et ce qui doit en résulter. Je veux dramatiser, dire les choses encore plus clairement qu'au moment des vœux.

– Écoutez, j'ai eu les médecins de garde il y a une heure ; elle dort toujours comme une masse.

– Ils ont compris les consignes ?

– Oui, ne vous inquiétez pas, elle est dans une bulle hermétique ; rien ne sort, rien ne rentre. »

La voix du conseiller économique intervient :

« Bon, on vous écoute, go... »

Le Président reprend les phrases en martelant les mots qu'il a soulignés par un petit coup de crayon sur le sous-main. Le conseiller économique réagit immédiatement :

« Je trouve ça très bon. Et là vous embrayez, vous voyez, du genre : "Il ne s'agit pas de changer de chemin, il s'agit d'aller plus vite, d'aller plus loin, d'accélérer, d'approfondir." Et hop, ensuite : "C'est pourquoi j'ai proposé... etc., etc."

– Oui, ce serait pas mal, non, qu'en pensez-vous ?

– J'adore ! Ça va dépoter, j'adore !

– Et vous, Aquilino ?

– Vous voulez vraiment que je vous dise ?

– Oui, évidemment, c'est quand même vous, le responsable de la com de cette maison !

– Eh bien, je pense que vous êtes totalement tombés sur la tête. »

XXIV

« Je vais avoir la désagréable mission de vous ramener sur terre et vous rappeler à tous les deux sur quel programme vous avez été élu. Vous rendez-vous compte du séisme que peuvent créer des discours pareils auprès de vos électeurs ? »

Plus le conseiller en communication se fait désagréable, plus il articule avec componction. Même au téléphone, ses précautions oratoires sont perceptibles. Comme de juste, c'est le jeune conseiller économique qui prend la critique à son compte.

« Aquilino, pardon d'un bref rappel : si nous en arrivons à prononcer de telles paroles, c'est d'abord contraints et forcés par la situation économique.

– Arrête avec ces fausses excuses. L'économie ne va pas si mal, il nous manque un peu de croissance, mais tout de même, il me semble vraiment excessif de se mettre à sonner le tocsin.

– Ah bon, cinq millions de chômeurs, huit millions de pauvres, c'est encore supportable, ce serait le message que tu préconises ?

– Pas à moi, s'il te plaît. Ce ne sont pas des chiffres qui nous tombent sur la tête comme ça d'un coup. La vérité est que ces mots-là, l'un et l'autre, vous les pensez pour de bon, la vérité est que vous vous êtes toujours sentis en porte à faux avec la phraséologie de gauche. Et la gauche, vous avez décidé d'en commencer les funérailles.

– Arrête, avec ta grandiloquence. On ne va pas commencer à discuter de l'aggiornamento cette nuit, s'il te plaît.

– Oui, eh bien ton débat, tu vas devoir t'en colleter un, et un vrai, dès demain, si tu veux mon avis, à la Chambre et dans toutes les cellules de France et de Navarre. »

Le Président sent qu'il doit intervenir :

« Cette discussion ne nous mène à rien. Quatre-vingt-dix-neuf pour cent des députés sont de gentils moutons qui ne bougeront pas le début d'un orteil. »

Le conseiller en communication lâche d'une voix parfaitement désagréable :

« Eh bien moi, je vous prédis la montée en puissance de bataillons de petits Adalbert de Périgord.

– C'est qui, celui-là ? »

L'autre se délecte manifestement de la question qu'il espérait.

« À Hugues Capet qui, comme vous, lui demandait : "Qui t'a fait comte ?", Adalbert a rétorqué...

– Oui, on connaît : "Qui t'a fait roi ?" »

Le Président fait un sourire au vieil homme qui lui rend un imperceptible signe de paupières. Le conseiller est vexé d'avoir raté son effet. Le Président reprend :

« La seule différence est qu'ils ne m'ont pas fait roi. Ils sont là, pour la plupart, grâce à ma victoire. Et pas un seul n'y aurait cru six mois auparavant, pas un seul ne m'a soutenu. Attendez, je n'oublie pas. Je jette la rancune à la rivière, mais je n'oublie rien.

– Vous devez tenir compte de leur opinion. Votre objectif est d'être réélu, là vous aurez besoin d'eux. S'ils ne vous ont pas fait, ils peuvent vous défaire. Ne mésestimez pas leur capacité de nuisance.

– Selon vous, je devrais réagir comment, alors ?

– Laisser la porte ouverte à une autre politique.

– Quelle autre politique ? »

Le conseiller économique s'échauffe. Son collègue doit le sentir, il n'en a cure et poursuit :

« Vous le savez très bien, une politique de relance par la demande. Ce n'est pas parce que Emmanuel n'y croit pas qu'il a forcément raison. Il y a dans Paris une majorité d'économistes intelligents, de notre bord politique a priori, qui pensent néanmoins que nous nous plantons en beauté en nous obstinant dans notre logique… »

Le conseiller économique rétorque :

« Ce sont leurs beaux raisonnements qui nous ont conduits à la ruine.

– Tu m'agaces, tu dis n'importe quoi. Tu auras bonne mine quand, dans six mois, le chômage va commencer à chuter.

– Je te paierai deux paires de chaussures si c'est le cas. »

L'attaque personnelle fait mouche, le Président interrompt l'échange qui tourne à l'aigre.

« Il est hors de question que je change ma ligne. En revanche, Emmanuel, il est vrai que nous devons préparer la parade. Nous n'allons pas être ménagés, surtout si nous conservons cette tonalité de mon discours. »

Le conseiller en communication en profite pour renchérir :

« Quant à moi, j'aimerais avoir quelques biscuits, s'il vous plaît, pour la presse. Il ne me paraît pas franchement évident d'expliquer qu'il est mauvais d'emprunter quand les marchés nous offrent quasiment des taux négatifs. Moi, si on me demande pourquoi nous n'en profitons pas pour donner un grand coup d'accélérateur, comme les Anglais et les Ricains, je vais vous dire, je ne sais pas quoi répondre.

– Eh bien, tu te tais, ça nous fera des vacances. »

XXV

Le Président prend un ton sec pour clore la conversation.

« Je vous remercie, si j'ose dire. Mais vous ne m'avez pas vraiment fait avancer.

– Il me semble que c'est de notre devoir, en tout cas du mien, de vous avertir...

– Ça suffit ! Le contenu de votre mission, comme sa durée, sont de mon seul ressort, c'est clair ?

– Tout à fait clair.

– Fin de la réunion. Gardez vos téléphones allumés. »

Il raccroche, visiblement excédé. Il se tourne vers le vieil homme. Il conserve la mine contrariée pour commenter :

« Vous avez pu constater que ces outils sont très pratiques. Pas besoin de se déplacer. »

Le vieil homme a un bref sourire.

« Ni de congédier. Monseigneur, j'ai perçu en effet que si j'ignorais comment brille le soleil deux siècles plus tard, en revanche les subordonnés peuvent demeurer impertinents.

– Vous avez connu cela, vous aussi ?

– Si vous tenez la place du Roi, j'avais celle de l'un de vos gentilshommes. Et je garde en mémoire quelques échanges acerbes de cette nature.

– Même s'ils n'ont pas connaissance de votre présence, vous avez senti combien mes décisions pourraient susciter d'éclats.

– Monseigneur, vous choisissez ces décisions parce qu'elles sont difficiles. Donc sujettes à controverse.

– Vous avez raison, bien sûr. À part cela, qu'avez-vous pensé des arguments ?

– Vous vous doutez, n'est-ce pas, qu'il en est un que j'aime et l'autre que je n'aime point.

– Oui, mon conseiller économique est très bien. Très jeune et très bien, je me repose beaucoup sur lui.

– Pourquoi n'en point faire un ministre ?

– Il est trop jeune, pas assez politique.

– Il a les idées nettes, il a du caractère, il vous sera loyal quoi qu'il arrive, m'est avis. Ce sont les seules qualités nécessaires aux fonctions de gouvernement, ne croyez-vous point ? Les autres sont secondaires.

– J'ai omis de vous donner une précision, vous pourriez y attacher de l'importance.

– Laquelle, Monseigneur ?

– Ce jeune homme est banquier !

– Il a créé sa banque ? il y fut associé ?

– Non, tout de même pas. Il en a été salarié, ce qui, de nos jours, est déjà beaucoup pour quelqu'un qui aspire à des fonctions publiques.

– Je n'appelle point tout à fait cela banquier. Néanmoins, vous me confirmez qu'il fut à bonne école. Je vous suggère donc de lui réserver un destin.

– Nous verrons, plus tard peut-être. Mon autre conseiller vous a déplu ?

– Je ne le puis condamner si promptement. À tout le moins, il ne me semblerait point navrant que vous dussiez vous en séparer un jour.

– Avec l'offensive que je vais lancer tout à l'heure, la garde de mes fidèles va se rétrécir comme peau de chagrin. Il m'en a donné un aperçu, la réalité sera sans doute bien plus musclée.

– C'est pourquoi vous devez vous appuyer sur quelques piliers sûrs, comme le jouvenceau.

– Je n'ai pas vraiment de poste libre, mais à l'occasion j'y penserai.

– Une remarque de l'autre m'a interpellé. Elle concernait les conditions d'emprunt du pays.

– Oui, vous aussi êtes banquier, je l'oubliais. Il est vrai que les pays d'Occident bénéficient d'un climat exceptionnel en matière de taux d'intérêt.

– Et comment cela se peut-il, si les conditions économiques sont tellement difficiles ?

– Par une action de nos banques centrales... Vous ignorez ce que c'est ; les banques des banques, le sommet de la pyramide financière.

– Le Trésor, Monseigneur, les termes changent un peu, les réalités sont les mêmes.

– Ce n'est pas faux. En fait, ces grands Trésors du monde se chargent d'acheter la dette émise par leurs États, quand les investisseurs seraient défaillants. »

Le vieil homme secoue la tête, fronce les sourcils. Son exclamation fuse :

« Comment cela ? avec quelles réserves ?

– Aucune.

– Ils achètent la dette de leurs propres États sans avoir accumulé de richesses auparavant ?

– En effet.

– Mais vous allez droit à la banqueroute ! Le royaume a connu pareille déviance, un certain Écossais, John Law, avait occupé mes fonctions auprès du Régent, au début du siècle, pardon, au début de mon siècle. Nous disions qu'il avait imprimé de l'argent.

– Oui, nous avons gardé la mémoire de l'épisode. Mais aujourd'hui, le mécanisme est différent.

– En quoi, je vous prie ?

– Il est garanti… Oui… Quoique… Enfin, il est plus solide parce que ce sont toutes les banques centrales, tous les Trésors du monde qui agissent de la sorte.

– Eh bien, le résultat est facile à imaginer : vous aurez une plus grande banqueroute au bout du compte. Si m'en croyez, hâtez-vous plus encore aux réformes nécessaires, si la prospérité de votre temps s'appuie sur pareille folie… »

XXVI

« Monsieur Necker, cette nuit est la plus étrange de mon existence.

– Je n'en doute point, Monseigneur. Je n'ose vous dire qu'elle est également la plus étonnante de ma... propre mort !

– Il y a votre rencontre, évidemment. Mais j'ai aussi ce sentiment étrange qui m'oppresse, qui m'exalte. Tout semble devoir se dénouer, pendant ces quelques heures ; ce tournant dans ma vie privée, le drame frôlé de si peu pour une personne qui me fut proche ; et puis il y aurait cette sorte de moment d'Histoire, la préparation de cette conférence et cette idée qu'il va me falloir oser, me lancer, brûler des ponts.

– Pardonnez-moi, l'expression me semble toujours excessive pour évoquer un simple discours.

– Vous n'imaginez pas ce qu'est devenue la communication, de nos jours. Je vous l'assure : les conséquences des mots que je vais prononcer tout à l'heure seront très lourdes.

– Certes, Monseigneur. Cependant, ainsi que je vous l'ai déjà suggéré, la véritable épreuve sera de mettre vos actes en accord avec vos paroles. Vous souvenez-vous de votre question, au tout début de notre rencontre, quant à l'origine de la Révolution ?

– Oui, vous aviez évoqué la déconsidération de l'État, et sa responsabilité dans la déconfiture économique.

– Précisément.

– Je pense depuis tout à l'heure à cette perte de prestige. Je redoute un peu, je ne vous le cache pas, que des photos, pardon, des images publiées par un magazine, une... comment disait-on de votre temps ? une gazette, oui, ces images de moi, ces révélations sur mes amours, oui, j'ai pensé immédiatement qu'elles pourraient contribuer au renforcement d'un sentiment... nocif. »

Le vieil homme fait un geste d'impuissance.

« Monseigneur, ces affaires-là ne sont point du ressort de ma compétence, je le crains. En revanche, je puis vous avertir avec vigueur sur l'autre dimension dans laquelle vous pourriez vous perdre. Après avoir entendu votre conseiller, celui vous incitant à profiter des taux d'intérêt très bas, je voudrais vous avertir. La Révolution fut d'abord enfantée par la dette excessive.

– Oui, c'est un peu connu.

– C'est l'un des premiers responsables qui vous l'affirme. La dette devient dangereuse quand elle permet de repousser ou, pire, d'éluder les réformes. »

Le Président se carre dans son fauteuil. Il croise sa jambe droite sur son genou gauche.

« Remarquez, vous m'intéressez. Vous allez m'aider, je dois affûter mon argumentaire face à tous ceux qui me poussent à faire une pause dans la réduction du déficit.

– Je puis certes en témoigner mieux que quiconque. J'ai été distingué par le Roi, précisément pour mon expertise à lever des fonds auprès des milieux financiers de l'Europe entière.

– Le service de la dette avait un poids significatif dans votre budget ? »

L'autre écarte le bras d'un grand geste.

« Énorme ! Sur un total de dépenses de, disons, 600 millions de livres tournois, nous sommes montés à plus de 80 millions d'intérêt. Mon but, mon obsession, fut d'obtenir des réductions de taux. »

Le Président hoche la tête, pensif.

« C'est incroyable ! Nos unités sont les milliards d'euros, mais les proportions sont exactement les mêmes...

– Et je puis vous affirmer que si bien des sarcasmes accueillirent mon arrivée à Versailles, ce fut le ravissement général quand je fis rentrer à flots du bel et bon argent. La joie accompagne l'emprunt, la peine ne vient qu'au remboursement. »

XXVII

Évoquant ces souvenirs, le vieil homme semble soudain s'échauffer :

« Monseigneur, il se pourrait que mon devoir soit de vous ouvrir les yeux sur cette question capitale : ne croyez point que lever des dettes avec facilité signifie que la menace s'éloigne. Parfois même, ce serait l'inverse qu'il faudrait supposer.

– Vous obteniez de bonnes conditions pour vos émissions ?

– J'avais surtout obtenu qu'elles fussent sans limites. Ce que je puis vous affirmer, avec force et certitude, est que si les gouvernants ne fixent point de cadre à leur dette, ils ne reçoivent aucun avertissement.

– Aucun avertissement de quoi ?

– Du fait qu'ils ne sont plus les maîtres en leur propre maison, parbleu. Dieu sait combien ai-je entendu que j'avais livré la France à la finance... Je n'aurais pas fait pire en laissant des troupes ennemies enfoncer les portes de Paris. »

Le Président, songeur, interroge :

« Ce sont vraiment les expressions que l'on utilisait à votre époque ? Le pays livré à la finance ?

– À la finance, aux marchés, aux étrangers. Ne l'omettez pas, je ne suis point français, je suis citoyen helvétique ! C'est d'abord en cela que je fus blâmable. Je ne voulais pas entendre les fâcheux qui me haïssaient. J'écoutais les flatteurs. J'en gonflai d'orgueil quand je plaçai les emprunts de la France comme jamais. Il ne semblait pas y avoir de limites à l'appétit des investisseurs pour les bons de la Couronne. Ils me demandaient du papier, toujours du papier, encore du papier ! »

Le Président a un petit sourire.

« Nous avons les mêmes aujourd'hui. Ils souscrivent plus que nous ne pouvons leur fournir. Nous pourrons bientôt placer à taux négatifs, comme le suggérait mon conseiller, vous vous rendez compte ?

– Ne vous laissez point abuser. Quel qu'en soit le prix, il s'agira ensuite de rembourser.

– Il suffira alors de lancer un autre emprunt, Monsieur le Financier, non ? »

Le vieil homme acquiesce.

« Il suffit en effet d'inventer les garanties et les mécanismes qu'espère le marché.

– Oui… Nous, nous avons la Banque Centrale Européenne qui, depuis quelque temps, s'ingénie à nous créer des subtilités. Son dirigeant n'est pas français non plus, c'est un Italien, un ancien banquier, encore un, d'une banque américaine, la plus puissante du monde.

– Des Amériques ? La Suisse aurait perdu sa suprématie dans la finance ?

– Non, pas du tout ! Sur ce point au moins, vous reconnaîtriez votre pays et son ingéniosité dans le domaine de l'argent.

– Quant à moi, on me fit grands reproches d'avoir développé des rentes viagères pour mieux habiller la dette française.

– Rentes viagères ? C'est-à-dire à vie ?

– Un remboursement à vie, sur la personne choisie par le prêteur.

– Vous m'étonnez que ce genre de technique ait connu le succès !

– Tous les moyens sont bons pour séduire les épargnants. Entre banquiers, et notamment suisses, nous n'étions pas dupes : ce genre d'expédient est d'autant plus nécessaire qu'il manque au gouvernement l'expression d'un cap, d'une direction, d'un intérêt collectif puissant.

– C'est exactement ce que je veux exprimer tout à l'heure, vous vous souvenez ?

– Ensuite, l'afflux de belle monnaie fait tourner les têtes les mieux faites. Les soucis sont remisés derrière les coffres pleins, même si la monnaie qui les remplit pourrait s'envoler au vent mauvais. De la sorte, les impérieuses nécessités s'évanouissent. Malheureusement, en économie comme en politique, les miracles n'existent point.

– D'un autre côté, si l'édifice est bien construit, il peut durer longtemps. Et vous savez qu'en politique, deux ans sont déjà l'éternité.

– Certes, mais si, pour une raison ou une autre, soudain vos ressources faiblissaient, ou vos besoins augmentaient ? Dès que la nouvelle dette est la seule manière de ne point être étranglé par l'ancienne, alors ça y est, vous n'êtes plus souverain dans votre propre royaume. Les deux fléaux se nourrissent l'un l'autre.

– De quels fléaux parlez-vous ?

– Perte de souveraineté, déconfiture, il n'en faut guère plus pour vous déconsidérer auprès de votre propre peuple. »

Le Président hoche la tête, son front se barre d'un pli soucieux.

« Et, Monseigneur, je n'ose imaginer que, de surcroît, vous additionniez à cette conjecture le scandale de vos amours et la haine qu'il pourrait déclencher dans l'esprit de vos sujets. »

XXVIII

Comme pour chasser de mauvais pressentiments, le Président se lève.

« Vous avez faim, cher Monsieur ? »

Le vieil homme fait un grand geste de la tête.

« Monseigneur, j'en suis étonné moi-même, mais oui j'ai faim, une faim du diable. Quel étonnement pour une ombre, n'est-ce pas ? Je mange trop, j'ai grossi, ma fille me tance sans cesse, à juste titre... »

Le Président se lève et se frotte les mains.

« Voyons un peu ce qu'ils m'ont laissé pour la nuit... Ah voilà, du rôti froid, du pâté de poisson, de la bonne charcuterie, des pâtisseries. Je suis gourmand, savez-vous ? »

L'autre esquisse un sourire :

« Je l'ignorais ; cependant, si vous m'autorisez un parallèle, vous auriez trouvé votre maître avec le roi Louis. C'était un ogre.

– Vous buvez du vin, de l'eau, du soda ?

– Mille excuses ?

– Ah oui, du soda, tenez, goûtez celui-ci, à l'orange. »

Le vieillard trempe ses lèvres, tord la bouche.

« Puis-je avoir de l'eau bien fraîche ? »

Le Président fait le service, l'autre l'observe, médusé.

« Vous n'avez point de valets, ou de gentilshommes de service ? »

Le Président glousse en avalant un mille-feuille.

« Eh non ! Cette fameuse Révolution a eu comme effet bienvenu, entre autres, d'obliger chaque homme à compter d'abord sur ses propres mains. D'ailleurs, mieux vaut que nous ne soyons pas dérangés, je redouterais la réaction de mes officiers de sécurité s'ils vous trouvaient là. Tenez, voulez-vous de la viande ? Avec de la mayonnaise ? »

Il lui prépare un plateau. L'autre regarde le couteau et la fourchette, puis découpe la tranche, la mastique lentement. À plusieurs reprises, il ferme les yeux.

« Mon Dieu, c'est délicieux. Vos cuisines sont excellentes, il me semble que je pourrais dévorer un bœuf entier. »

Le Président éclate de rire, en engloutissant deux tranches de jambon de pays, puis reprend :

« J'ose un raccourci déplaisant. Si vous avez tant contribué à l'endettement excessif du pays et si je suis votre raisonnement, vous avez une part de responsabilité majeure dans la Révolution, cher Monsieur Necker. »

Il prononce bien le nom, cette fois. Le vieillard hoche la tête à plusieurs reprises, se recueille et repose son bras sur l'accoudoir.

« Vous avez raison, Monseigneur. Tout au long du règne de Sa Majesté Louis, nous fûmes confrontés au même mal, celui-là qui finirait par emporter une royauté de mille quatre cents ans. Ce mal, vous l'avez résumé : ce fut l'état désastreux des finances publiques de la France.

– J'ai raison d'avoir grignoté un morceau, vous allez me couper l'appétit. Je ne dois pas me laisser aller à trop de pessimisme ; vous risquez de m'influencer. Je vais vous rassurer : les choses ont changé depuis votre époque. Beaucoup de mécanismes complexes empêchent les effondrements incontrôlables.

– Monseigneur, il est tellement agréable de se laisser bercer de doux refrains évoquant la grandeur et la puissance... de jadis. Il faut se défier des créanciers : s'ils ont grande mémoire du passé, ils n'ont aucune idée de l'avenir.

– Si ces gens veulent à tout prix nous prêter, après tout, c'est leur affaire, pas la nôtre, non ?

– Cela le devient quand la limite est franchie. D'amie, la finance devient ennemie.

– J'aime assez vos aphorismes, figurez-vous ! Et cette limite, quelle est-elle ?

– Vous la connaissez seulement quand vous l'avez dépassée, et souvent d'assez loin. »

Le Président a un petit rictus goguenard :

« Résultat : nos beaux spéculateurs pleureront avec nous.

– Pleurer, Monseigneur ? Les sentiments n'ont point de part à l'affaire. Retenez toujours que ce ne sont point des marchés qu'il faut attendre la tempérance. Tel n'est point leur rôle. Ils vous laisseront vous endetter au-delà de la sagesse, au-delà de leur propre intérêt. Mais la consolation sera mince de savoir qu'ils plongeront avec vous. Le sol n'en sera point moins dur quand vous vous fracasserez. »

XXIX

« Monseigneur, depuis votre dialogue avec ces voix absentes...

– Mes voix absentes ?... Ah oui, mon coup de téléphone !

– ... Je suis rongé d'un doute, et comme il semble être de mon devoir de vous avertir des dangers, je m'en vais vous l'exprimer. »

Le Président sourit.

« Allez-y, au point où nous en sommes, je crois que je peux tout entendre.

– Ce discours que vous préparez, ces grandes annonces que vous allez faire au pays...

– Oui, mon acte politique véritablement fondateur, celui qui devrait asseoir mon nom dans l'Histoire de ce pays. » Il s'interrompt, constatant que l'autre ne l'écoute pas vraiment. « Eh bien ? »

Le vieil homme semble avoir un moment d'hésitation :

« N'est-ce point surtout que vous auriez besoin de détourner l'attention, quand votre vie conjugale traverse des moments... de tempête, de rages publiques incontrôlées ?

– Est-ce une question, ou un reproche ?

– Ni l'un ni l'autre. Mais, Monseigneur, il m'est donné de vous assister de la sorte, dans une position – comment la qualifier ? – intérieure ? Saisissez-vous le sens de cet adjectif ? »

Le Président opine en fronçant de plus en plus les sourcils.

« Cette position à la fois intérieure, disais-je, et extérieure, comme si je vous observais d'un coin du plafond de cette pièce, me procure cette lucidité, source de mon inquiétude.

– Inquiétude ? Et pourquoi seriez-vous inquiet ?

– Je participe, au plus profond de moi, de cette certitude que vous partagez : la France pourrait se trouver précipitée – très vite, à une échéance qui nous échappe mais sans doute proche – dans une période au moins aussi tragique que la Révolution.

– Oui, et alors ? Je vous l'ai dit : cette conscience du risque majeur, que votre "présence" accrédite, est justement ce qui me fera prononcer des mots qui feront date.

– Des mots qui vous permettront d'écarter les fâcheux qui préféreraient évoquer vos amours et vos tourments intimes. »

Le Président a un mouvement d'humeur.

« Cher Monsieur, je sais tout de même hiérarchiser les enjeux. Il ne faut pas tout confondre, je dois seulement, par un hasard malencontreux, gérer de concert un événement ponctuel et privé et de grandes décisions politiques engageant l'avenir du pays.

– J'ai connu cela, Monseigneur. Me reviennent les errements de Sa Majesté dans la conduite d'un immense scandale que nous appelions "l'affaire du collier"...

– Oui, le collier de la Reine, cet épisode est resté célèbre.

– Vraiment ? Eh bien, cette affaire, tout aussi privée que peut l'être celle que vous avez évoquée devant moi, pour autant que je l'entende, finit par avoir bien des conséquences dans les décisions qui furent prises par le Roi ou repoussées, en matière de politique économique et de modification du pouvoir des provinces. »

Le Président semble sursauter à cette allusion.

« Pouvoir des provinces ? Feriez-vous allusion à une sorte de... redécoupage territorial, par exemple ?

– Je saisis mal votre question, je m'en vais préciser tout à l'heure ce point, si vous le souhaitez, Monseigneur. Auparavant, je me permets de vous adjurer avec une insistance que vous trouverez sans doute déplacée : je vous en prie, ne vous laissez point absorber, ainsi que le fit le Roi, par les suites d'un scandale, aussi grave soit-il, au lieu de vous concentrer sur les décisions capitales qu'il s'agit de prendre promptement. »

Le Président, cette fois, s'agace franchement.

« Ah mais ! ne confondez pas tout. D'ailleurs, vous êtes loin de disposer de toutes les informations sur mes problèmes personnels. »

Tout en accentuant ses mouvements de tête obséquieux, le vieillard n'en démord pas :

« Monseigneur, ce n'est pas de votre détermination que je doute, mais de votre caractère qui me paraît, par bien des points, coïncider avec celui de Sa Majesté Louis XVI. Si vraiment vous ne fléchissez pas, il faudra le démontrer.

– Et comment, s'il vous plaît ?

– En portant le fer dans les deux complaisances si dommageables des gouvernements de France depuis des siècles.

– De vos siècles peut-être ; je vous l'ai dit : nous pouvons avoir changé, nous pouvons avoir appris de nos erreurs. Quelles sont ces deux complaisances, selon vous ?

– L'échec récurrent dans la réduction du déficit public, d'abord. »

Le Président esquisse une légère grimace.

« Cette faiblesse-là, je peux admettre qu'elle n'a pas totalement disparu. Et quelle est l'autre ?

– Le rejet par ce pays des réformes indispensables. »

XXX

« Dette excessive, déficit, pays irréformable, j'avoue que la similitude a encore une fois quelque chose de troublant...

– Monseigneur, en vérité, me concernant, je suis déjà convaincu du parallèle inouï entre nos deux époques. Cela posé, notre tâche est d'éviter à tout prix l'enchaînement fatal de mon temps, auquel j'ai contribué et qu'il m'aurait appartenu d'écarter. Comme vous, je pressens que le temps nous est compté, mais que le pire n'est point encore certain... »

Il est interrompu par une vibration du téléphone. Le Président jette un coup d'œil sur le message qui vient de tomber dans sa boîte vocale. Il lève la main pour signifier qu'il doit composer le numéro toutes affaires cessantes :

« Pierre-René ! Vous m'expliquez, s'il vous plaît ? Non, d'ailleurs, rappelez-moi sur le fixe. »

Au vieil homme de nouveau figé sur son siège, les deux accoudoirs fermement tenus dans ses poings serrés, il précise :

« C'est le Secrétaire Général du palais. Je vais le mettre sur haut-parleur, de manière que vous puissiez l'entendre. »

La sonnerie retentit.

« Vous ne dormez pas, Monsieur le Président ?

– Non, je prépare le discours, et c'est tendu. Bon, qu'est-ce que c'est que cette histoire d'interception ?

– Nous avons évité le pire, mais vraiment de justesse.

– Expliquez !

– Ce que je redoutais : trois photographes se sont introduits dans l'hôpital en se faisant passer pour deux brancardiers et pour un patient.

– C'était évident qu'ils allaient tenter un truc de ce genre. Ils n'ont pas atteint sa chambre ?

– Malheureusement ! non seulement ils y sont parvenus, mais ils ont même pris des photos. »

Le Président s'étrangle :

« Non ? Qui sont les incapables qui gèrent la sécurité ? Comment voulez-vous que nous soyons crédibles en matière de contre-terrorisme ?

– N'exagérez pas, ce n'est pas comparable !

– Comment ? Je vous demande de la mettre sous contrôle total, elle est endormie, attachée sur son lit, et on arrive quand même à venir lui tirer le portrait soi-disant dans une chambre ultrasécurisée !

– Ils ont été interceptés, leurs appareils saisis, tout a été circonscrit.

– En êtes-vous sûr ? N'ont-ils pas balancé le tout sur internet ou sur un cloud quelconque ?

– Ils ont failli, je le reconnais, mais nous avons tout récupéré juste avant.

– Ça ne fait rien ! C'est une catastrophe, quelle bande de bons à rien, vous allez voler dans les plumes de ce... Comment s'appelle-t-il, ce fameux commandant tellement fier de son service ?

– Calmez-vous, Monsieur le Président. Il est hors de question de sanctionner quiconque dans cette affaire. Réfléchissez deux secondes à la bombe politique que vous pourriez amorcer...

– Et vous, vous avez pensé à ce qui va se produire quand on va la relâcher dans la nature ? Elle va commencer à donner des interviews, à se confesser dans des émissions...

– Ne vous inquiétez pas, nous allons gérer tout ça de très près. Ce qu'elle dira, ce qu'elle écrira sera sous total contrôle.

– Ce qu'elle écrira ? Eh bien, j'espère ! Il ne manquerait plus qu'elle se fende d'un livre !

– Ne soyez pas paranoïaque, tout de même. Entre une photo volée et un pamphlet redoutable, il y a une marge !

– Pierre-René, je vous demande de faire très très attention. Nous avons de la nitroglycérine entre les pattes.

– Pardonnez-moi de vous le rappeler, c'est vous qui l'avez créée tout seul, avec vos...

– Cela suffit, vous dépassez les bornes. »

Le Président s'est fait cassant d'un seul coup.

« S'il y a bien une chose dont je n'ai pas besoin dans la situation présente, c'est d'une leçon de morale. Pierre-René, vous n'êtes pas payé pour ça, que je sache. »

L'autre bafouille :

« Je sais, Monsieur le Président, je vous prie de m'excuser, cela m'a échappé, je n'aurais pas dû...

– Et qui sont ces paparazzis ?

– Des free-lance, comme c'était à prévoir.

– On a une idée du canard qui aurait pu leur acheter les clichés ?

– Évidemment.

– Son journal à elle ?

– Cela me semble clair...

– Bon... Je dois m'y remettre. Mais je ne veux pas avoir à vous le répéter : serrez-moi vraiment les boulons, ce n'est pas la peine d'en rajouter dans la difficulté. »

Il s'apprête à raccrocher. Il a le combiné en suspens. Le Secrétaire Général l'interpelle :

« Allô !

– Oui, quoi encore ?

– Je ne vous l'ai pas dit : elle va bien, c'est la bonne nouvelle. La mauvaise c'est qu'en fait, elle va pouvoir sortir assez vite.

– Ah ? Bon, merci. »

XXXI

« Monseigneur, je sais que vous n'oublierez point vos convictions ; mais ce sont des gens tels que celui-ci qui risquent de vous détourner de votre but ultime.

– C'est-à-dire ?

– L'action, Monseigneur, l'action au-delà des mots.

– Vous ne lâchez rien, vous ! Ne vous inquiétez pas, voyons, cette histoire de bonnes femmes est une péripétie. Je suis prêt à lancer un mouvement, j'ai envie d'oser, pour la première fois, de vraiment oser.

– Vos démêlés intimes ne marqueraient-ils point que vous soyez, ici aussi, parvenu à un moment de... comment puis-je dire ?... de transgression ? »

Le Président lève un sourcil.

« Là, vous pourriez être dans le vrai, je le reconnais. Mais la transgression politique est sans commune mesure avec ma nouvelle manière d'être moi-même.

– Je n'ignore point combien sera difficile d'affronter les vrais dangers, ceux auxquels vous serez exposé en travaillant à la réduction du déficit. »

Il a pris un visage grave ; le Président voudrait le tempérer en souriant.

« "Dangers" est un peu excessif, vous ne croyez pas ? il ne s'agit pas d'un champ de bataille ! Le déficit, nous courons après depuis des années, des siècles si j'en crois votre témoignage.

– Ne riez point. S'attaquer à l'État, Monseigneur, revient à lever la main sur l'ensemble de ses serviteurs, des plus grands aux plus petits. Et leur résistance est farouche. Nous nous y sommes heurtés, les uns après les autres. Vous avez peut-être gardé la mémoire du baron de l'Aulne, Monsieur Turgot ?

– Turgot ? Bien sûr, il est encore très connu, très étudié, très admiré, assez peu par moi, je vous le concède.

– Ah, vraiment ? »

Le vieil homme ne cache pas sa déception. Il mastique un peu dans le vide, comme s'il ruminait sa jalousie.

« Vous ne l'estimez pas, vous non plus ? »

Le Président sent que l'orgueil de l'autre est atteint.

« Oui... Non. Nous eûmes des querelles, parfois fort vives, et l'on m'accusa d'avoir eu ma part dans sa disgrâce.

– Peu importe. Vous disiez que lui et vous aviez été confrontés aux mêmes obstacles dans votre lutte contre la réduction de la dépense. »

L'autre reprend le fil de son raisonnement :

« En effet, Monseigneur. Comme dut également s'y contraindre Monsieur de Choiseul au demeurant – vous le situez aussi ? – lors du règne précédent. L'écueil est toujours le même : les privilèges et avantages de l'immense foule de ceux qui sont en place.

– À votre époque, il s'agissait de la noblesse, n'est-ce pas ?

– Les Princes ont été de grands coupables, certains l'ont payé fort cher, d'autres, m'avez-vous dit, sont parvenus à se soustraire au châtiment. L'aristocratie en France est au service de son roi. Dans le principe, je vous le rappelle, Monseigneur, et j'ai dû parfois insister sur ce point pendant ces heures tendues de la réunion des États généraux, puis dans celles, encore plus dures, de l'Assemblée nationale. Il est exigé de la noblesse, depuis des siècles, de n'avoir d'autre occupation, d'autre métier, d'autre passion que le service exclusif de Sa Majesté. La seule exception, bien légitime, est de se consacrer au service de l'Église et de Dieu, de qui le roi de France détient son pouvoir.

– Oui, c'est amusant, enfin non, peut-être ce mot ne vous convient-il pas. Mais en réalité, les serviteurs de l'État d'aujourd'hui ont conservé ce caractère. Ils ne peuvent être limogés...

– Cela va sans dire ; une famille est au service du roi, on ne peut s'affranchir de son origine...

– Si l'on considère qu'à votre époque comme à la mienne, le service de l'État coûte bien trop cher, il est impossible d'y apporter la moindre réforme sans se heurter à une formidable énergie conservatrice.

– Monseigneur, les privilèges, les pensions, les rentes inscrites dans la tradition et acceptées par tous sont les marques flagrantes d'une fossilisation de la société.

– Comment parvenir au changement ?

– Par des coups de boutoir redoublés, sans se soucier de la résistance et des menaces qui pourraient en résulter. Au risque d'y perdre la vie. Vous m'entendez bien ? Ce risque n'est pas seulement théorie, le Roi que j'eus l'immense honneur de servir l'a démontré. »

XXXII

« Monseigneur, il faut se résoudre à agir ainsi que je n'ai point su le faire : aller vite, avec la plus grande énergie. Réformer la dépense revient à réformer ce qui touche le souverain au plus près, dans son quotidien, dans l'exercice même de son ministère. »

Le Président hoche la tête en signe d'assentiment.

« Je partage votre diagnostic. En totalité, cher Monsieur, et je crois me trouver dans une difficulté aussi grande que celle à laquelle vous avez dû faire face. Avec le recul, quel serait selon vous l'axe majeur du changement ?

– Il est simple, il fut celui d'ailleurs qui me donna tant de cette popularité immense et dangereuse que m'accorda le peuple quand il cherchait d'abord des coupables et moins des solutions. » Ses yeux pétillent : « Si vous saviez combien je déçus mes zélateurs en 1790, quand je m'empressai de leur exposer les moyens de rétablir la situation du pays...

– Dites vite, je vous prie. Je suis suspendu à vos lèvres...

– Supprimer les exceptions, les dérogations de toutes sortes. Le service de l'État ne se monnaye pas, il ne doit pas procurer d'avantages indus. Il vaut mieux concentrer l'essentiel de la force d'un pays dans la production de richesse. Le conseil est celui d'un financier : plus la dette est élevée, plus la préoccupation première du débiteur est de dégager de la capacité à rembourser.

– Dans les avantages, vous pensez aussi à des régimes de retraites ou à un temps de travail réduit, par exemple ?

– Retraites, c'est-à-dire pensions ? Croyez-en ma recette : réductions, coupes uniformes ne laissant aucun statut à l'écart des bouleversements. L'uniformité des régimes est la seule vraie grande idée, ce sera celle que combattent tous ceux bénéficiant d'une exception.

– Au-dedans de la fonction publique et à l'extérieur, nous sommes d'accord ?

– Certes. Il faut porter le fer partout à la fois. Monsieur Turgot n'hésita point à s'attaquer aux corporations, protégées par des textes et surtout par leur farouche volonté de ne point s'ouvrir.

– Les corporations... Oui, nous avons changé la dénomination, "les professions réglementées", mais nous avons conservé le problème. Dans cette direction aussi, vous me conseilleriez de passer à l'offensive ?

– En ayant bien consolidé vos arrières. Monsieur Turgot dut reculer en rase campagne pour avoir mésestimé les pouvoirs établis. Mais vous voyez que lui et moi n'étions point si éloignés. Je me suis attelé à mon tour au principe d'égalité de traitement, d'égalité de prélèvement.

– Savez-vous, cher Monsieur Necker, que votre langage devient soudain très moderne ?

– Malheureusement ce sont nos faiblesses qui me semblent vous concerner davantage encore. J'ai l'idée que je suis ici pour les expier. Monseigneur, pardon de vous parler crûment, il m'apparaît avec plus de clarté que vous êtes victime du même travers, celui de feu mon Roi.

– Vous voyez, vous aussi finissez par me dire mollasson !

– Plaît-il ?

– Une expression d'aujourd'hui... manque de courage, indécision.

– Peu importe, Monseigneur, ce que je pense ou ce que l'on dit derrière votre dos. Ces défauts sont-ils les vôtres ?

– Le climat général du pays peut favoriser mes mauvais penchants. Comment les réformes visant à réduire la dépense ont-elles échoué, à votre époque ?

– Par tous les moyens possibles : l'obstruction dans les parlements et les débats interminables.

– Oui, les amendements, nous connaissons encore, nous avons quelques spécialistes en la matière.

– Les influences de toutes parts, exercées par les Princes, les hommes de Dieu, la Reine, les grands capitaines...

– D'accord, oui, les lobbies, en effet, nous avons modernisé ces jolies pratiques, mais elles sont toujours présentes.

– Et les actions à l'opposé des directives données par le Roi, la désobéissance, vous les connaissez aussi ?

– Le jour où la France saura dégager autant d'énergie pour se changer en profondeur qu'elle en mobilise pour ne pas bouger, elle redeviendra l'une des plus grandes puissances du monde. »

Le vieil homme hoche la tête de nouveau. Il lève la main lentement et pointe son doigt vers le Président.

« Ce que vous dites est vrai, Monseigneur. Mais il me paraît si aisé de vous percer, tant vous ressemblez aux Princes que j'ai côtoyés tout au long de ma vie dans ce pays ; donc, oui, Monseigneur, vous avez raison, mais par vos esquives, ne seriez-vous point le premier et le plus grand responsable de l'immobilisme ? »

XXXIII

Le Président se prend le menton dans la main.

« La malédiction s'abat sur les chefs d'État qui n'assument pas leurs idées...

– Sur eux et sur leurs peuples, Monseigneur. Le malheur s'abat sur ceux qui ne songent pas au bien-être de leurs descendants...

– Par la réduction de la dépense toujours ?

– En effet, dès lors qu'elle devient intenable. »

Le Président reprend son stylo. Il écrit vite en parlant tout haut :

« Je dois l'indiquer dans ma conférence noir sur blanc. Voyons, je pourrais rappeler que cette préoccupation est la mienne de longue date. Par exemple : “Lors de mes vœux, je vous ai indiqué, mes chers concitoyens...” Quoi, ça ne vous plaît pas ?

– Ce sont ces “concitoyens” qui me révulsent, pardonnez-moi de réagir par réflexe à ces expressions de la Révolution, c'est plus fort que moi.

– Bon, pour vous faire plaisir alors : “J'ai indiqué aux Français ma volonté qui est celle de réduire... etc." ; personne ne saura à qui j'ai fait ce petit plaisir !

– Vous avez raison, Monseigneur, d'insister sur cet effort que la nation tout entière va devoir assumer, même si je pense que, nous pouvons en convenir l'un et l'autre, elle ne peut être considérée comme une finalité.

– Vous avez raison, je vais aller dans le sens que vous suggérez. »

Il réfléchit, puis écrit à toute vitesse et sans rature, lisant en même temps :

« Ce n'est pas un but en soi. Je suis attaché plus qu'aucun autre au maintien de notre modèle social.

– Il me semblait, Monseigneur, que je n'entendais pas les choses ainsi. Il me semblait nécessaire d'exprimer pourquoi vous devez réduire le déficit. »

Le Président fait un petit geste d'impatience de la main.

« Bien entendu ; l'objectif final est de créer de nouveau de la richesse.

– La grande affaire du souverain est de réunir les conditions de la prospérité. Et le pire des handicaps est d'en casser les ressorts par les gaspillages de l'État. Nous nous rejoignons sur ce point, j'en suis sûr.

– Oui, cher Monsieur. Je crois être confronté à cette exacte problématique : la dureté des temps a conduit le pays à hausser les dépenses pour subvenir aux difficultés croissantes de la population ; mais, ce faisant, la charge se reporte sur les entreprises...

– Pardon, Monseigneur... Entreprises ? »

Le Président est incommodé d'être interrompu.

« Oui... Les sociétés de production.

– Les manufactures ?

– C'est cela, elles subissent une pression fiscale trop lourde ; en conséquence, elles ne sont plus compétitives sur les marchés mondiaux, elles n'embauchent plus, et jamais la France n'a compté autant de chômeurs... »

Il jette un coup d'œil impatient :

« Enfin, de personnes sans emploi, sans labeur. Et la misère grandit, et le désespoir monte... »

Le vieil homme paraît lui aussi s'agacer que le Président se sente obligé de traduire.

« J'entends, Monseigneur, j'entends bien. Enfin, presque tous les mots, car vous parlez vite, la langue a évolué et votre accent sonne étrangement à mes oreilles. Mais j'entends qu'il n'est d'autre voie, comme nous avons dû nous y résoudre nous-mêmes, que la réduction du train de vie de l'État. »

Il soupire :

« C'est incroyable. Plus de deux siècles auraient passé et vous n'auriez donc point progressé d'un pouce ? J'aurais pensé que les événements tragiques auraient agi comme un coup de fouet pour les générations futures. Il n'en fut donc rien ? Serait-il possible que nos fautes aient eu tant de prolongements ? »

XXXIV

Le Président poursuit sa rédaction avec une fièvre accrue.

« “Alors, pourquoi faut-il réduire la dépense ? Parce que c’est le passage obligé pour réduire les déficits.” Monsieur Necker, trouvez-vous que j’enfonce assez le clou ?

– “Il n’est pire sourd que celui qui ne veut entendre”, c’est ainsi que l’on disait, de mon temps.

– Rassurez-vous, l’expression a toujours cours !

– Monseigneur, bouleverser l’État en profondeur suppose une fermeté de caractère hors de toute norme. Dans un pays comme la France, il s’agit ni plus ni moins de s’attaquer à des siècles de pratiques, à des corps constitués, à des textes gravés dans le marbre, à des intérêts multiples, éclatés parfois, contradictoires souvent, mais comprenant toujours que leur seul intérêt commun est que rien ne bouge.

– Question mouvement, vous avez été servi, avec la Révolution la plus radicale, la plus violente de toute l'Histoire ! D'ailleurs, j'ai un doute : y étiez-vous favorable, au fait ?

– Vous vous moquez ?

– Non, c'est sincère. Depuis votre entrée ici, je suis incertain quant à votre rôle réel. Quand vous utilisiez ce mot d'égalité, tout à l'heure, il ne sonnait pas très Ancien Régime. Vous avez été appuyé par l'Assemblée, mais chassé comme un malpropre. Quelque chose comme cela, non ? »

Le vieil homme se raidit :

« J'ai été haï de tous, si ce résumé vous convient mieux. Les Princes ont été persuadés que j'avais pris le parti du peuple ; et ceux du Tiers État, que je jouais double jeu et que je ne cherchais qu'à imposer les mesures voulues par le Roi.

– Oui, un sous-marin...

– Plaît-il ?

– Et quelle serait la vérité, d'après vous ?

– La vérité est que je poursuivais le même but, le même objectif, auprès du Roi comme auprès de l'Assemblée : celui de restaurer les finances et de tenter de redonner espoir.

– Les égoïsmes les plus terribles sont ceux qui conduisent à mépriser le sort de nos propres enfants.

– Ma déception, cependant, fut à la hauteur de ma ténacité. Les révolutionnaires, les tenants du grand bouleversement réagirent comme les parlements d'autrefois.

– Je suis dans la réplique exacte de ce que vous avez connu. D'après vous, quelle doit être ma ligne de conduite ?

– Monseigneur, la diminution de la dépense est toujours pour le voisin, toujours pour les autres. Dès qu'une mesure est prise à l'encontre d'une pratique indue, la levée de boucliers est immédiate. Elle s'élargit à tous ceux qui craignent d'être les prochains sur la liste.

– D'où la recommandation que je pressens : Tous ensemble.

– Tous ensemble, Monseigneur ! Il faut réduire de concert tous les budgets à la fois ou aucun, croyez-en mon expérience douloureuse. Tant que vous détenez encore le pouvoir, hâtez-vous. Alignez tous les régimes de faveur, frappez partout en même temps, soyez radical, sinon les réformes obligées que vous aurez manquées auront raison de vous. »

Le Président note, il se parle à lui-même :

« Une réforme totale, la France dans la rue, en une fois...

– Elle y sera quoi qu'il en soit. La dégradation progressive des comptes prend des années ; chaque instant qui retarde la catastrophe est regardé comme la démonstration que les changements pourraient ne pas être totalement obligés. Quand la Révolution grondait depuis des mois, les représentants du Tiers État m'en ont fait reproche : "Pourquoi tant nous rebattre les oreilles de votre déficit, du risque de faillite, quand il est si simple de le combler ?"

– L'effet pervers de la dette facile, vous insistez lourdement.

– De même que l'excès de dette, le moment où la dépense devient intenable, ce moment, Monseigneur, est invisible.

– Que voulez-vous dire ?

– Qu'il est trop tard, mais que personne à la tête de l'État, et moins encore dans le peuple, n'en a conscience. La catastrophe est irrémédiable, elle est déjà inscrite dans le futur, alors que l'édifice paraît encore solide, alors qu'il semble que le répit existe toujours. J'ai vu de grandes familles quémander des pensions moins d'un an avant l'effondrement.

– Et quelle est la marque du basculement ?

– Le jour où l'impôt est insupportable. »

XXXV

Le Président semble ne pas avoir entendu la dernière phrase. Il relit son texte à plusieurs reprises, cherchant le ton juste, martelant les mots. À voix haute, il ajoute :

« C'est parfait. Là, Emmanuel m'aura préparé l'explication de notre train de mesures, en quatre points. »

Puis, s'adressant à son visiteur :

« Monsieur Necker, je vais réveiller la nation... »

Soudain, son téléphone mobile vibre. Il vient de recevoir un SMS.

« Il faut que j'appelle dans l'instant, vous comprenez, il s'agit de l'un de mes amis, peut-être le seul sur lequel je puisse vraiment compter. »

Il hésite un court instant, regarde le vieil homme, puis enfonce de nouveau le bouton du haut-parleur. La tonalité se fait entendre :

« C'est moi. Je suis désolé de te déranger à une heure pareille.

– Tu ne me déranges pas, tu le sais bien.

– J'avais besoin de te parler. Jamais depuis qu'on se connaît, tu m'entends bien, jamais je n'ai senti une telle urgence. »

Il est ému, cela se sent. De l'autre côté, la voix se fait un peu plus traînante, un peu plus nasillarde :

« Que se passe-t-il ? Tu ne vas pas bien ? »

Le Président a un rire bref.

« Mais si, je vais bien, enfin, aussi bien que possible, tu connais le contexte, naturellement.

– Bien sûr ; Emmanuel m'expliquait votre stratégie, cela me semble parfait. Je ne m'inquiète pas, je suis persuadé que tu vas t'en sortir, comme toujours.

– Merci. À vrai dire, je ne cherche pas vraiment du réconfort, je te rassure.

– Non, n'est-ce pas ? C'est toi qui me fais peur avec ta formule solennelle. Dis, on se connaît depuis une paire d'années, et je te rappelle quand même que, toi et moi, nous avons traversé quelques tempêtes. À l'hôpital, quelles nouvelles ?

– Elle est sous sédatif. Les toubibs pensent qu'elle pourra sortir très vite.

– Le plus dur est passé sur ce plan-là.

– Je suis d'accord. Maintenant, c'est fini, elle le sait. Je vais faire un communiqué officiel.

– C'est bien, oui. Mais laconique, pas besoin de s'étendre non plus.

– Après la conférence de presse, le timing sera très bien. Tu sais, je pars sur un discours en rupture totale avec le passé.

– Oui, n'hésite pas. Tu as raison, il faut crever cet abcès qui infecte la vie de ce pays. Vas-y, ne te censure pas !

– Tu n'es pas frappé par l'incroyable similarité entre notre époque et celle de la Révolution ?

– Laquelle ? 1789 ? Oui, sans doute. Mais enfin, pourquoi me parles-tu de ça ce soir justement ? »

Le Président grimace.

« Je te l'ai dit, ne t'inquiète pas. Il ne m'est pas possible de t'expliquer en totale liberté.

– Tu as quelqu'un dans le bureau ? Mais demande-lui donc de sortir un instant !

– Je ne le peux pas.

– Ce n'est quand même pas... »

Il le coupe :

« Mais non, voyons ! Tu ne peux pas comprendre, c'est tellement impensable... »

Le Président fait une mimique.

« Je m'aperçois qu'il est impossible de t'expliquer. Tu viens demain matin, je voudrais te voir, tu te débrouilles pour te libérer de la rue de Lille ?

– Promis. Mais toi, tu m'éclaireras, n'est-ce pas ? Tu ne m'as jamais intrigué à ce point !

– Si tu en savais la raison, tu serais encore plus stupéfait. Bon, je t'embrasse. »

Il raccroche. Les deux hommes restent silencieux. Le Président continue de tapoter sur le clavier, l'autre a les yeux fixés sur le plancher.

« Nous allions parler de quoi ? D'impôts, non ?

– Non, Monseigneur, nous allions parler de la manière dont débutent les révolutions ! »

XXXVI

« Monsieur Necker, vous n'auriez pas la capacité de lire dans l'avenir ?

– Comment cela, Monseigneur ?

– Ce que vous ressentez avec tant de force, cette nécessité de m'expliquer, de me convaincre. N'est-ce pas aussi que vous avez une prescience de ce qui va se produire ?

– Monseigneur, malheureusement, je n'ai d'autre pouvoir que de ressusciter le temps passé. Il est vrai que ce rappel me paraît vous instruire de manière significative.

– Et vous ne ressentez rien, vraiment rien, quant à l'avenir ? »

Le vieil homme ne répond pas tout de suite. Il regarde longuement son interlocuteur droit dans les yeux. Aucun des deux ne cille.

« Monseigneur, je ne suis point Notre Sauveur, qui seul pouvait connaître le lendemain.

– Oui, mais vous m'avertissez, pour que j'évite au final les mêmes erreurs ?

– Plaise à Dieu que telle soit la raison de ma présence. »

Les deux hommes se taisent. Le Président rompt enfin le lourd silence qui s'est installé.

« Si ce n'était une prévention du pire, ce serait quoi, alors ? »

Le vieil homme semble mâchonner quelque chose.

« Vous le savez, Monseigneur : l'annonce de son imminence... »

Le Président lève un peu la tête. Le baron reprend la parole d'un ton plus enjoué qui détend l'atmosphère devenue oppressante.

« L'impôt, Monseigneur, est un venin redoutable. Il vous aliène ceux qui en paient trop, et plus encore ceux qui n'en paient point. L'État ne donne jamais assez, et prend toujours trop.

– Ce sont là formules faciles, cher Monsieur !

– J'en conviens, mais elles se révèlent toujours vérifiées, surtout quand il est question non point de détermination d'impôt mais de variations.

– Je suis confronté au même type de problème. La non-augmentation des dépenses est plus douce, mais moins radicale que la vraie diminution.

– J'ai encore en mémoire un épisode illustrant ce que vous me représentez. La Reine la première refusait d'entendre raison : "Je promets, Monsieur", dit-elle à son époux, un jour qu'il la morigénait en ma présence : "Je jure sur mes enfants, sur ce que j'ai de plus cher, que je ne vais point poursuivre l'augmentation des dépenses de ma maison ; je serai plus sage !" Et comme le roi se tournait vers moi, ravi, je les décevais tous les deux, en tempêtant : "Il s'agit bien de ne plus augmenter aussi vite ! Madame, il vous faut réduire vos dépenses, les réduire pour de bon, vous devez donner l'exemple." »

Le Président sourit.

« On dirait mon ministre du Budget. Il quête le compliment quand il me sort : "C'est la première fois depuis des décennies que nous allons réduire le rythme de l'augmentation."

– Si votre dette augmente ainsi que vos dépenses, vous êtes acculé, comme nous le fûmes, à l'expansion de l'impôt. Avec les gouvernements que j'eus l'honneur de diriger, nous succombâmes aux terribles effets de cette réaction, alors que dix années plus tôt nous nous félicitions des déconvenues de l'Angleterre avec ses colons des Amériques.

– La guerre d'indépendance des Amériques vous coûta cher, n'est-ce pas ?

– Monseigneur, il n'est pire engeance que la guerre pour les finances publiques. Sa Majesté avait choisi, et je l'approuvais, d'appuyer les colons d'Amérique dans leur rébellion. Nous eûmes à financer leur lutte contre la couronne anglaise. Le grand malheur du Roi, de la Reine et de tant de gens de valeur provint en grande part de l'or que nous envoyâmes aux Amériques.

– Les Américains, déjà ? Piquant, si l'on peut dire. Dans un certain sens, notre dette d'aujourd'hui provient aussi de la folie d'outre-Atlantique.

– Les anciens colons ne sont pas encore parvenus à l'autonomie ? »

Le Président a un petit rire bref :

« Ah ! concernant leur autonomie, je vous rassure, les anciens colons, comme vous dites, ont très bien réussi. Pour vous résumer : ils sont devenus les maîtres du monde, la première puissance du globe dans tous les domaines ou presque.

– Les Amériques ? Aussi forts que la France ou que l'Angleterre ?

– Ou que l'Allemagne.

– L'Allemagne est donc devenue un pays à part entière ?

– Un pays grand et puissant, plus que nous.

– Encore un ? Mais vos grands-pères et pères auront dilapidé tout l'héritage de vos rois ? »

XXXVII

« L'impôt, Monseigneur, l'impôt, partout l'impôt ; la guerre d'indépendance des Amériques trouva son origine dans une rébellion face aux prélèvements que leur imposait Londres, la capitale. Les colons se rebellèrent et, en guise de symbole, jetèrent à la mer la marchandise la plus précieuse, la plus emblématique de la couronne anglaise : des ballots de thé ! J'imagine que l'épisode est tombé dans l'oubli.

– Détrompez-vous. Il se trouve qu'outre-Atlantique, l'animosité fiscale a donné lieu à un parti, le Tea Party, allusion lointaine à ces événements que vous évoquez.

– Ah, vraiment ? Décidément, l'Histoire est science bien capricieuse... Si les colons se libérèrent grâce à nous du joug du Roi d'Angleterre, ils reportèrent l'impôt provenant de la dette de guerre sur le peuple de France. Et c'est ainsi que commença la mécanique terrifiante.

– Et pourtant, l'impôt est au fond la plus belle des contributions, celle magnifiant l'appartenance à une communauté.

– Cessez donc de feindre la naïveté, Monseigneur ! La première tâche d'un contrôleur général des finances, en mon temps comme au vôtre, si je vous ai bien saisi, est d'abord de solder les déficits passés. On paie l'impôt non pour le futur, ni même pour le présent, mais pour les folies de nos aînés.

– Ah oui ! tiens. Les Français d'aujourd'hui sont bien dans ce cas, et les Grecs, et les Portugais, et les Espagnols, et les Italiens...

– La révolte s'étendrait à l'Europe entière ?

– Oui, dans une certaine mesure. Il est évident qu'une éventuelle rébellion française pourrait contaminer le continent tout entier, avec d'incalculables conséquences. Quant à moi, et pour prolonger les ponts avec le passé, je sors juste d'une révolte dite "des bonnets rouges" par référence à une jacquerie de l'Ancien Régime. Elle était antérieure à vos responsabilités, n'est-ce pas ?

– Son théâtre en est-il le duché de Bretagne ?

– Oui, précisément.

– Cette révolte des bonnets rouges eut lieu un siècle avant mon entrée au Grand Conseil. Mais je puis attester que son souvenir était resté vif dans l'entourage du Roi. Je me souviens des mises en garde de Mesdames les Tantes.

– Mesdames les quoi ?

– Les sœurs du défunt Roi, Louis le Quinzième.

– Les grands-tantes, dans ce cas, si je ne m'abuse.

– Certes. Elles eurent une réelle importance au début du règne. Elles ne m'aimaient guère. Elles m'entretinrent avec Monsieur de Maurepas de cette terrible révolte.

– Qui est ce Maurepas ? »

Le vieil homme a un court moment de jubilation.

« Ah, je suis bien aise que vous ayez perdu son nom. Il fut personnage central de la Cour jusqu'à sa mort. Ministre il fut, ministre il demeura, et fut à la fois mon mentor et mon bourreau, celui qui faisait et défaisait les gouvernements.

– Et lui n'avait pas oublié les révoltes bretonnes ?

– Étant notre aîné, il était également notre mémoire. Il n'avait pas omis non plus les dragonnades terribles qui furent menées en représailles. On étêta les clochers, on viola les femmes, on brancha les mutins d'abondance.

– Brancher ?

– Un pendu à chaque branche des arbres. Vous comprenez pourquoi nous autres, citoyens helvétiques, eûmes toujours quelque difficulté à nous familiariser avec les mœurs violentes du beau royaume de France.

– Dieu merci, ces pratiques ont cessé depuis longtemps. Les Bretons se révoltaient justement contre l'impôt, c'est bien cela ?

– Ils étaient une province autrefois riche, affectée par une crise sans précédent. On voulut les soumettre à la gabelle et aux taxes uniformes, ils le comprirent comme une interdiction de se déplacer. Leur lien particulier à la Couronne, datant de la reine Anne, stipulait que le Roi ne devait jamais entraver le commerce ou la circulation dans l'ancien duché. L'impôt fut vite regardé comme une manière de saigner le peuple, la gabelle devint un monstre de légende aussi cruel qu'insatiable. Et la société se ligua tout entière, des seigneurs aux paysans, des curés aux bourgeois.

– Oui, je ne reconnais pas seulement la couleur des bonnets. En bien des points, ce que j'ai à gérer est un phénomène identique.

– Si vous en parvenez à de telles extrémités, Monseigneur, croyez, je vous en conjure, cet avertissement solennel : vous êtes alors en réel danger. »

XXXVIII

« Monsieur Necker, vous préconiseriez un mode de gouvernement radical : Blitz, ce mot allemand doit sonner juste à vos oreilles helvètes ?

– Point du tout, Monseigneur. À titre personnel, je ne goûte point la poigne. Je suis trop bon, tel est mon travers principal. Je parle trop, je veux convaincre, je cherche à arrondir. Certains traits de mon caractère ne correspondent point à la tragédie de l'urgence. »

Le Président se laisse aller au fond du fauteuil. Il croise de nouveau ses mains sous son menton :

« Après tout, celui à qui je ressemblerais le plus, ce serait vous, cher Monsieur. “Encore un moment, monsieur le bourreau.”

– Vous connaissez donc ce mot de la vieille Madame du Barry ?

– Oui. Comme vous l'avez constaté, certains souvenirs subsistent dans la mémoire des peuples, et ce ne sont pas forcément ceux qu'auraient attendus les contemporains.

– Monseigneur, cette vérité doit vous habiter. Je sais d'expérience combien il est difficile de supporter le désamour de ceux qui devraient vous accorder leur confiance.

– Vous l'avez vécu vous-même...

– Certes. Mais ce ne fut rien auprès de ce qu'endura le Roi. La vilenie s'insinue d'abord par des moqueries évoquées dans votre dos, dans des écrits, des pamphlets que vous préférez ne point connaître ; et puis les caricatures, les ignominies deviennent si bruyantes qu'il devient impossible de les ignorer. Et soudain, vous êtes confronté à la haine, et ce constat-là est douloureux. »

Le Président se caresse le dessus des doigts de la main gauche, et contracte ses lèvres.

« À titre personnel, je vous dirais que je suis sans doute à la fin de cette deuxième phase ; je ne peux ignorer la désaffection de mes concitoyens, pire encore, de certains qui se prétendaient proches de moi.

– Votre ami qui vous parlait, il y a quelques instants...

– Oui ?

– Vous ne l'appelez pas près de vous ?

– Non... Pas pour le moment. Nous avons eu un contentieux.

– Personnel ?

– Disons politique et personnel. Il a été Secrétaire d'État de mon prédécesseur.

– Du Bonaparte sans génie ? »

Le Président glousse :

« J'adore vos formules décidément ! Oui ; j'y ai vu un abandon, il ne croyait plus en moi. Et préférer celui-là...

– Vous le savez, l'indulgence c'est la première qualité de celui qui règne.

– Je suis d'accord. Vous voyez, ce soir, si je voulais partager un peu des émotions de notre étrange rencontre, je ne pourrais le faire qu'avec lui, mon ami de jeunesse. »

Il soupire ; puis, reprenant son stylo :

« Allons, je dois poursuivre ma rédaction. Écoutez comme je vais tourner les choses : "Alors, pourquoi faut-il réduire la dépense publique ? Parce que c'est le passage obligé pour réduire les déficits. Parce que c'est le préalable à toute baisse des impôts." Cette formulation vous convient, j'en suis sûr.

– Pardon, Monseigneur, elle ne me paraît point saisissante de nouveauté.

– Non, c'est vrai. Mais ce type d'évidence doit être rappelé, car certains expliquent qu'il serait possible de pratiquer autrement. »

Le vieil homme lève un sourcil ; il n'a pas le temps de s'offusquer, le téléphone portable recommence à vibrer. Le Président s'exclame :

« Alors là, c'est plus qu'une coïncidence ! Voilà maintenant que mon ministre du Redressement voudrait me parler, à une heure pareille ! Quelle mouche l'a piqué, celui-là ?

– Vous ne paraissez point le porter dans votre cœur...

– Non seulement nous sommes en désaccord à peu près sur tout, mais cet homme-là, quand ma femme, enfin la mère de mes enfants, avait voulu devenir... – comment vous l'expliquer – chef de l'État...

– Reine, en quelque sorte !

– Oui, Présidente si vous voulez, eh bien cet homme, mon futur ministre, avait déclaré en public, en prenant à témoin la nation entière, que le seul défaut qu'elle pouvait déplorer pour son accession au pouvoir, c'était moi. J'étais son "handicap" !

– Vous le provoquâtes en duel, j'imagine...

– Non. Ces pratiques ont disparu de nos jours. J'aurais dû peut-être les restaurer, cela m'éviterait certains désagréments.

– Et comment votre ennemi se retrouve-t-il être l'un de vos ministres ?

– Je n'ai pas le choix – question d'équilibre politique. Je sais qu'il sera le premier à m'assassiner s'il en a le loisir. Je vais le rappeler tout de suite, vous allez pouvoir l'écouter. Je voudrais bien savoir ce qu'il me veut.

– Je comprends un peu mieux vos contraintes, Monseigneur. Et soudain aussi, il m'apparaît plus clairement quelle peut être l'origine de vos tourments dans le domaine des affaires du cœur. »

Le Président réagit.

« Vous n'y êtes pas du tout ! Cela n'a rien à voir... »

Il s'arrête, regarde le vieil homme et répond de même au demi-sourire qu'il aperçoit.

« Enfin, peut-être que le mot "rien", en l'occurrence, est excessif. »

XXXIX

« Allô Arnaud ? C'est moi. Tu as cherché à me joindre ?

– Oui, tu ne dors pas ?

– Tu le constates.

– Je le savais, j'avais eu Pierre-René, juste avant, c'est pourquoi je me suis permis de te déranger. Ça avance, ton discours ?

– Oui. »

Le Président est laconique. Il fait un clin d'œil à son visiteur, penché en avant pour mieux entendre les paroles qui sortent du haut-parleur.

« Bien, bien. Tu vas en rajouter une couche sur le virage social-démocrate, sur tes certitudes économiques, tout ça.

– Hé oui. J'ai l'intention d'être explicite, tu vois, j'ai passé l'âge de la langue de bois.

– C'est bien, c'est très bien...

– Mais ?

– Tu sais, mes équipes et moi, nous travaillons sur la possibilité d'une politique alternative. Je fais bosser de jeunes économistes super-brillants, ils sont très convaincants.

– Tu peux préciser en quoi ?

– Pour te le faire simple : une politique de l'offre n'est pas adaptée dans notre cas ; mieux vaudrait privilégier une logique de la demande, d'autant qu'elle est plus dans l'ADN de la gauche française.

– Grosso modo, tu me suggères gentiment que je me plante. »

Le Président a repris son stylo, il donne de petits coups, de plus en plus violents, sur le dessus du bureau. À l'autre bout du fil, son interlocuteur éclate d'un grand rire, largement surfait.

« Si tu peux l'entendre, oui, on peut le résumer comme ça : tu te plantes et tu nous plantes avec.

– Arnaud, pas de ça avec moi, s'il te plaît. »

L'autre s'est raidi.

« Pas de ça, tu veux dire quoi ?

– Tes équipes, tes consultations. Tu ne vas pas me raconter que la politique économique est devenue ta passion, non !

– Ne le prends pas sur ce ton. Je suis d'accord, je ne te l'ai jamais caché, avec le principe des réformes et de l'effort sur la dette.

– Et comment tu fais, alors, pour ta politique de la demande ? Nous n'avons aucune marge, tu le sais, et tes belles paroles vis-à-vis de Bruxelles, pour draguer l'électorat populiste, n'arrangent rien.

– Il faudrait ne pas réduire les déficits tout de suite.

– Tu les laisses filer ?

– Pas filer, non, mais sois moins rigide ; tu reportes un peu les objectifs...

– C'est combien, “un peu” ?

– Deux ou trois ans. Tu sais, je circule beaucoup dans le pays. Les gens le répètent sans cesse, ils en ont marre, je ne peux leur donner tort. Il n'y a pas que Bruxelles, il faudrait que tu reviennes un peu sur le terrain, que tu sentes la terre sous tes chaussures. Les vraies gens te diraient qu'ils ne nous ont pas élus pour ça.

– Pardon de te corriger : c'est moi qu'ils n'auraient pas élu pour ça.

– Si ça te fait plaisir. Un jour, il faudra aussi que tu te rappelles ce que tu nous dois. Mais ne polémiquons pas, moi je crois qu'il faudrait lancer un grand programme d'équipement, d'investissement national, tu vois, que nous retrouvions du souffle, de la grandeur.

– C'est bien pour cela que je t'ai demandé d'être au gouvernement.

– Arrête, ne te fiche pas de moi ! Écoute, je sens bien que je ne pourrai pas te convaincre ; je m'en doutais, mais j'essayais ; moi aussi je suis sur des charbons ardents, et puis toutes ces histoires, ce scandale, ces photos, cette façon de te traîner dans la boue, ça m'empêche de dormir.

– Sur ce point, il est utile que je te rassure, moi je vais bien.

– C'est mieux alors. Bon, écoute, quand même, je veux te prévenir : si la conjoncture était mauvaise cette année, tu vois, si tu n'obtenais pas de vrais résultats, je serais obligé d'être plus explicite. Tu vois, je suis loyal, je ne pourrais pas demeurer aussi éloigné de mes convictions profondes.

– Tes convictions en matière économique, à mon avis, elles sont très profondes, en effet.

– Je ne relève même pas. Je te le répète, je ne resterai pas indéfiniment dans le bateau à te regarder couler. Quand je l'aurai décidé, je parlerai moi aussi.

– Comme tu dis, je suis prévenu.

– Ce ne sera pas après-demain, je m'y engage.

– Ah ! tu me soulages beaucoup. Je peux juste te poser une dernière question, maintenant qu'en pleine nuit nous en sommes à nous faire des confidences seul à seul ?

– Oui, demande-moi !

– Pourquoi restes-tu encore au gouvernement ? Non, d'ailleurs, ne te donne pas la peine de répondre. J'ai à faire, à demain. »

XL

Il souffle fort, il pose ses lunettes sur le bureau et se serre la base du nez entre deux doigts.

« Un Judas ; vous avez l'illustration du parfait cynique. Celui-là, un jour, je me ferai plaisir, et je vais me le payer. Au moins, maintenant c'est clair, il m'annonce qu'il ne va pas hésiter à me trahir une nouvelle fois quand il estimera que ce sera le bon moment pour lui. »

Le vieil homme hausse les sourcils et hoche la tête.

« Comme je vous comprends, Monseigneur ; je crois retrouver ces moments où les commentaires à mon endroit formulés devant Sa Majesté relevaient de l'insulte pure. J'en fus parfois informé par des âmes charitables, la plupart me demeurèrent inconnus.

– Je crois que ce genre de félonie est inhérent à la vie politique. Le pouvoir est un révélateur de caractères, pour le meilleur et souvent pour le pire.

– Il faut savoir passer outre les vilenies et les traiter comme il convient : par le mépris.

– Je suis d'accord. En même temps, celui-là pourrait me causer de nombreux dommages. Si ce n'est dans six mois, ce sera dans un an. Il n'aspire qu'à une chose : occuper ma place. Et il tuerait père et mère pour y parvenir.

– C'est votre Orléans. Croyez que, dans ma bouche, la similitude est lourde du dégoût que m'inspira ce soi-disant Prince, opposé à mes réformes quand son cousin ne pensait qu'au bonheur de ses sujets, et qui parvint ensuite à se travestir en défenseur des idées de liberté et de progrès.

– Quand je pense que mon Orléans à moi, mon ministre du Redressement, se campe en grand gauchiste ! Vous l'auriez vu sur les pistes de Courchevel, il y a trente ans !

– Pardonnez-moi, je ne saisis point la nature du crime...

– Cela n'a pas d'importance. Reprenons notre conversation où nous l'avons laissée avant d'être dérangés.

– Auparavant, Monseigneur, s'il vous sied, je souhaiterais revenir sur certains propos que j'ouïs de la voix de ce fâcheux.

– Sur ses conceptions économiques ? Vous n'allez pas me dire que vous les partagez, tout de même !

– Bien loin de moi cette pensée ! Je voudrais au contraire vous conter comment Sa Majesté fut sollicitée, pareillement à vous, et qu'elle finit par céder à la tentation.

– La tentation ? Laquelle ?

– Celle du déficit, de laisser repartir la dépense !

– Vous aussi êtes passé par ce cheminement-là ? Ce ne fut pas vous, tout de même, qui dûtes accepter pareille volte-face ?

– Non, ce fut mon ennemi juré, assis à ma place, tel un gros coucou imbu de lui-même. »

Le Président se lève et se verse une tasse de chocolat chaud.

« Je vous en propose une ? »

Les yeux du vieil homme s'animent d'un éclat de gourmandise.

« Je ne refuse point ! »

Il tourne longtemps la cuillère dans la tasse fumante. Il la respire.

« Cet arôme est tout simplement divin, Monseigneur. »

Il y trempe les lèvres, puis lèche la cuillère.

« Savez-vous qu'il valait la peine de revenir en ce monde seulement pour ce plaisir infini ?

– Eh bien, vous me semblez bien épicurien pour un austère protestant genevois.

– Mon épouse fut une adepte de la fève de cacao et une des spécialistes reconnues dans le Tout-Paris. Tenez, vous voyez, l'évoquer de nouveau me fait monter les larmes aux yeux. »

Le Président hausse les épaules de manière à peine discrète.

« Alors, quel fut donc ce ministre qui vous succéda, ce keynésien avant la lettre ?

– Faites excuse, Monseigneur ?

– Non, je ne peux vous expliquer ce mot de notre époque ; disons, cet adepte d'une économie de relance budgétaire, si je traduis bien votre évocation.

– Nombreux étaient ceux qui blâmaient mes réformes de rigueur. Ce furent d'ailleurs ceux qui précipitèrent ma perte à la fin de mon premier ministère.

– Que voulaient-ils exactement ?

– Arrêter la politique d'austérité et de réduction de la dépense, rechercher au contraire un retour de la prospérité du royaume. »

Le Président lève un sourcil.

« Ah tiens ! intéressant. Et cela se termina comment ?

– En catastrophe, Monseigneur. C'est après ce triste épisode que je fus rappelé une première fois par Sa Majesté. Malheureusement, je ne pus empêcher ni la banqueroute d'abord, ni la Révolution ensuite, les deux conséquences directes de ces politiques à courte vue. »

XLI

« Monseigneur, avez-vous souvenir de celui qui me succéda et me précéda tout à la fois ?

– Voyons, Turgot, non ?

– Point du tout. Celui qui vint après moi, point tout à fait après, en 1784, non je me trompe, en 1783. Il y eut d'abord le passage de ce calamiteux d'Ormesson, un beau parleur, parfait incapable.

– Son arrière-arrière-petit-fils, ou neveu, je ne sais, a encore une certaine notoriété aujourd'hui.

– Ah ? Eh bien, j'espère qu'il n'a pas poursuivi dans le domaine de la finance.

– Non, plutôt dans la conversation et dans l'écriture, avec un certain talent, je lui dois cet hommage. Et pourtant, sur un plan politique, il ne compte pas vraiment parmi mes amis.

– Rappelez-lui à l'occasion comment fut limogé son ancêtre ! Le Roi prenait de l'âge et de moins en moins de gants pour dire leur fait aux incapables.

– Qu'il avait lui-même nommés !

– Je vous le concède. Bref, ensuite, il appela celui qui avait conspiré contre moi, contre mes actions, contre mes écrits, Monsieur de Calonne. Je le porte bien peu en mon cœur ; pour être honnête, paix à son âme, j'ai appris son décès il y a moins de deux ans, et j'en eus peu d'affliction. »

Le Président a un petit geste d'impatience.

« Deux ans plus deux cent dix font deux cent douze.

– Ah ! mon Dieu, je ne m'y fais point. Plus je reviens à la vie, plus mes souvenirs se font précis. De quelle postérité peut s'enorgueillir Monsieur de Calonne, je vous prie ? Son nom honore-t-il un établissement de jeu ou un établissement de spéculation ? Il en ferait un bel emblème.

– Bien mieux que cela, mon cher ; Calonne est totalement oublié, il ne doit même pas avoir une rue à son nom.

– Ah ! y en aurait-il une au mien, je veux dire, à Paris ?

– Je crois bien, oui, j'en suis quasiment sûr ! »

Le Président tapote sur son téléphone. Il est pris d'un petit rire au vu du résultat. Le vieil homme est repris de son petit tremblement du chef.

« Qu'est-ce donc ? Elle se termine en impasse, c'est cela, ou dans une porcherie ?

– Ah non ! il n'y a plus aucun cochon vivant dans Paris. Non, ce qui m'amuse, c'est ce que vous venez de me dire à l'instant.

– Pourquoi ?

– Eh bien, parce que, figurez-vous qu'elle débute rue d'Ormesson, c'est drôle, n'est-ce pas ?

– Si vous le dites, Monseigneur, je tenterai de rire avec vous. Je doute que cette perfidie fût une pure coïncidence. Et puis-je vous demander où elle finit ?

– Oui, rue Jarente. Qui est ce Jarente ? Connais pas. »

Le vieil homme lève les bras au ciel.

« Ce pays est bien discourtois. Faire voisiner mon nom d'un côté avec celui d'un incapable, et de l'autre celui d'un parjure, dispendieux, un évêque ayant trahi sa cause et le Roi. Ce Monsieur de Jarente fut l'un des quatre évêques ralliés à l'Église constitutionnelle après avoir dépensé des sommes inconsidérées, totalement scandaleuses au regard de son ministère et des difficultés de ses ouailles.

– Vous n'aimez pas le luxe, décidément.

– Austère protestant genevois, c'est ainsi que vous m'avez qualifié, je le suis.

– Vous viviez dans le dénuement, je suppose ? »

Le vieil homme se racle la gorge :

« Ah tiens ! je vous mets mal à l'aise ? »

Le Président est taquin.

« Mais si, je sens bien que vous avez une légère indisposition, je me trompe ? »

L'autre toussote.

« Mes demeures parisiennes étaient le reflet obligé de ma réussite. Il y allait de ma crédibilité. J'avoue que mon logis rue de Cléry... »

Il hésite, puis semble se jeter à l'eau :

« ... et surtout mon château de Madrid, au bois de Boulogne, n'étaient point exactement ce que l'on pourrait qualifier de demeures humbles et simples. »

Il fait une grimace involontaire. Le Président la lui rend, et tous deux finissent par sourire.

« Nos actes, Monseigneur, ne sont point toujours en adéquation avec nos idées.

– Et plus encore avec nos idéaux.

– Je vous l'accorde. Encore faut-il en avoir... »

XLII

« L'échec de ce Calonne fut donc votre triomphe.

– Un triomphe amer, Monseigneur, un triomphe au goût de cendres.

– Vous ne pouviez qu'éprouver une certaine satisfaction en constatant la faillite d'un homme qui vous avait détesté, non ? »

Le vieil homme s'étonne franchement.

« Ah ! Monseigneur, vous pensez ainsi ? Vous me sembliez aimable, enjoué, rieur ; je vous découvre un tantinet retors et presque – me permettez-vous le mot ? – cruel. »

Le Président sourit plus largement :

« Mes adversaires, mes ennemis me prennent souvent pour ce que je ne suis pas. Il n'est pas plus grand avantage en politique. Je me suis hissé... » – il frappe le fauteuil de la main – « ... de cette manière : en restant dans l'ombre, le dernier dont on se méfiait. »

Le vieil homme plisse les paupières.

« Vous dites vrai : la surprise est la meilleure des alliées dans la conquête du pouvoir.

– Ma femme elle-même, celle qui pourtant me connaissait le mieux, n'a su mesurer le danger après qu'elle crut m'avoir vaincu de manière définitive.

– Vous me semblez en tirer satisfaction. Donc votre épouse, vous l'avez vous-même ainsi qualifiée, aurait pu devenir souveraine ?

– J'étais considéré comme un possible prince consort, un époux gentil que l'on aurait tenu à l'écart des décisions importantes, mais qui aurait fait rire aux dîners officiels. Vous voyez ? Le bon gros amusant, plein d'esprit, d'humour et de conversation...

– Et encore, Monseigneur ; vous étiez tout de même "son seul défaut".

– Tiens donc, vous enregistrez tout, vous !

– Ah ! si j'entends bien vos paroles, votre ascension commença par un coup d'État dans votre propre famille. »

Le Président semble apprécier la formule.

« Vous avez parfaitement résumé. Un retournement de situation, in extremis !

– Je ne saurais trop vous conseiller de vous défier de cette dame. Quel est son statut aujourd'hui : reine douairière ? mère de vos enfants ?

– En fait, non, je songe à la faire revenir comme ministre de mon gouvernement. La voir en face de moi, au Conseil, serait assez drôle, reconnaissez-le.

– Prenez garde, Monseigneur, prenez garde à mêler petits contentements personnels et manœuvres politiques. La bile fait souvent mauvais ménage avec la sagesse de l'âme.

– Vous voilà de nouveau enclin à juger ma conduite ! C'est une manie, ma parole ! Revenons plutôt à votre bon ami...

– Calonne avait beau jeu de contester les comptes que j'avais donnés dans un de mes livres les plus connus, *Le Compte-rendu au Roy*... »

Le Président fait une moue pour signifier son ignorance. L'autre en paraît un peu désappointé.

« Ah, vous ne connaissez point cet ouvrage ? Ce fut pourtant un immense succès de libraire... Bref, l'intriguant, quand il me remplaça, s'entendit à placer la charrue avant les bœufs. On s'attire aisément les compliments et les vivats avec de la dépense. Il relança les grands investissements un peu partout dans le royaume. »

Le Président s'étonne :

« Un plan d'investissement ? Nous continuons dans les ressemblances ! Ainsi, vous aussi, vous aviez tenté la relance par les grands travaux ?

– Pas moi, non, tudieu ! Ce beau parleur, intelligent, je ne le nie pas.

– Vous parlez bien de Calonne ?

– De lui ! cet homme cynique, sans scrupules, comptant sur sa bonne fortune pour rapiécer ses habits mités par sa vie dispendieuse, choisit de lancer des chantiers un peu partout dans le royaume pour stimuler l'activité. On creusa des canaux, on rénova les ports, on ouvrit la grande route du bois dans la Meuse. Et il poussa l'État à investir dans l'industrie. »

Le Président fait un grand geste du bras :

« Ce n'est pas possible ! Mon ministre tout à l'heure, l'homme au téléphone, doit être un descendant en ligne directe de votre homme ! Il n'était pas avocat, par hasard ?

– Certes, avocat général puis procureur du Roi !

– Le même, je vous dis ! Je me demande s'il n'a pas été, comme vous, réveillé d'entre les morts pour conseiller ma propre majorité... Mais après tout, et s'ils avaient raison ? Ce ne sont pas d'excellentes initiatives, créer de la richesse, stimuler l'investissement ?

– Tout cela est bel et bon si vous ne le financez pas grâce au grand principe le plus répandu dans les gouvernements de France.

– Lequel ?

– La politique du seau percé. »

XLIII

Le Président tapote de nouveau son téléphone.

« Si j'en crois les chroniques du passé, Calonne a en effet contesté votre grand ouvrage, ce fameux *Compte-rendu*, et prétendu qu'au lieu d'un excédent budgétaire, vous aviez en fait laissé le pays en déficit. »

Le vieil homme s'échauffe. Il s'agite sur le fauteuil. Il fait un grand geste, le Président le regarde, surpris.

« La vérité, la voilà, Monseigneur. Non seulement ce triste sire ne daigna pas considérer ma politique de rigueur pertinente, mais, de surcroît, il chercha à se ménager tous les suffrages en faisant des choix opposés. La Cour eut de nouveau droit aux plus belles fêtes, on laissa filer la dette pour tout le monde, y compris pour les Grands. Les dettes d'Artois et Provence furent épongées d'un trait de plume !

– L'Artois et la Provence étaient des régions très endettées ?

– Mais non, Artois et Provence, les frères du roi. »

Le vieil homme corrige sans même sembler s'intéresser au Président qui, à son tour, éprouve quelques difficultés à suivre le débit du discours devenu très rapide. « Et la Reine eut son joli château de Saint-Cloud, où elle pouvait recevoir son Fersen.

– Ah oui, vous l'avez connu ?

– Comment ça, si je l'ai connu ? Axel de Fersen ? Vous vous moquez ?

– Euh, je vous demande pardon...

– Mais enfin, Monseigneur, Fersen voulut épouser ma fille. Tout le monde sait cela.

– Eh bien, je vais vous décevoir, mais ce fait capital est un peu tombé dans les oubliettes de l'Histoire. Et donc, il fut éconduit ?

– Il le fut, ce qui ne nous préserva pas, mon épouse et moi, des Suédois. N'y voyez nulle acrimonie, nous chérîmes notre gendre comme un fils, même s'il nous coûta fort cher. Ce pauvre Erik Magnus connut tant de vicissitudes auprès de notre fille Minette, notre chère Germaine.

– Donc, Erik Magnus était suédois ?

– Il l'est en effet. De Staël sonne un peu nordique, je crois.

– Ah oui, évidemment, suis-je étourdi ! Mais revenons à notre Calonne et à ses politiques de relance. Ce que vous me rapportez m'intéresse et pourrait m'être d'une grande utilité dans les mois qui viennent.

– C'est simple, Monseigneur. Ce margoulin vida toutes les caisses, épuisa les fonds des emprunts qu'il avait levés. La musique, l'opéra eurent droit à tous les crédits ! Monsieur de Calonne se piquait d'être mélomane. Moi, pardon, je n'étais que suisse et financier. Bref, un rustre !

– Il pariait sur la relance ; après tout, cela n'était pas totalement idiot, voire assez moderne. Votre inimitié vous aveugle, ce me semble.

– Monseigneur, le calcul ne tombe pas juste dans un État aussi follement dépensier que celui de France.

– Vous avez décidé d'être désagréable, décidément, même sans vous en apercevoir.

– Il est tellement simple de donner satisfaction aux serviteurs de la Couronne et au chef de l'État en finançant par de la dette, encore de la dette, les dépenses de la Cour.

– Moi, je traduis pour mon époque : les dépenses publiques.

– Point n'est besoin de traduction !

– Oui, sauf qu'en votre temps, je vous le répète, il s'agissait de familles de noblesse héréditaire. Ce passé-là a disparu, ne l'oubliez pas. La machine de Monsieur Guillotin est passée par là.

– Quelle horreur ! Je n'ai pas oublié. Je détestais Calonne, mais quand son neveu, le dernier ministre de la Guerre du Roi, fut supplicié devant les grilles mêmes de Versailles, je pleurai, croyez-m'en. Que de sang versé, mon Dieu, que de sang versé ! Si l'oncle me fit tant de mal, s'il m'attaqua dans mon honneur et ma probité, jamais je ne voulus pour lui ou pour les siens pareil trépas. »

Le Président fronce les sourcils.

« Nous n'en sommes pas là, Dieu merci.

– Je serais moins affirmatif, Monseigneur. Ses successeurs vous intéressent, et donc vous m'inquiétez. Vous êtes confronté à la même folie du déficit, et vous avez la même tentation du laisser-filer. Cela ne peut que mal, très mal se terminer. Vous m'entendez, Monseigneur, j'ai la poitrine oppressée par un terrible pressentiment. Qui sait si, dans l'ombre, les lames de la terrible machine ne sont point déjà aiguisées ? »

XLIV

La sonnerie du téléphone fixe du bureau les fait sursauter tous les deux.

Le Président décroche.

« Bien, je la prends dans trois minutes. Oui, ici, dans le bureau. »

Après avoir raccroché le combiné, il se tourne vers son visiteur.

« Dans cette nuit étrange, nous n'en avons pas fini avec les surprises. La personne dont vous allez entendre la voix est l'une des femmes les plus puissantes du monde. Elle est française, elle dirige une institution mondiale, le Fonds Monétaire International, une sorte de banque destinée à prêter aux pays en cas de besoin, et financée par tous les grands États de la planète. »

Le vieil homme écoute avec attention ; il hoche la tête.

« L'initiative me paraît frappée au coin du bon sens. Cette institution existe-t-elle depuis longtemps ?

– Depuis la guerre... Celle que nous avons dénommée la Seconde Guerre mondiale, celle qui a fait plus de cinquante-cinq millions de morts. »

L'autre ouvre des yeux effarés.

« Ne vous trompez-vous point dans vos chiffres, Monseigneur ?

– Non, malheureusement ; je vous l'ai dit : notre époque est la pire de toutes, nous avons connu des abominations qu'il vous serait seulement impossible de concevoir.

– J'aurais pourtant cru que les horreurs de mon temps fussent difficiles à dépasser...

– Nos pères ont été tellement terrifiés des folies que nous avions pu engendrer qu'ils ont voulu créer des organisations qui empêchent les engrenages fatals de se reproduire.

– D'où l'idée de ce fameux fonds ?

– Précisément. Dans la mécanique de la guerre, la panne économique et financière est souvent le plus putride des ferments.

– Je vous l'accorde, Monseigneur. Je corrigerais même qu'il est le premier d'entre eux. Et j'espère que mes propos vous l'illustrent autant qu'il est possible. »

Le téléphone sonne de nouveau. Le Président branche le haut-parleur.

« Bonjour, Madame la Directrice, comment allez-vous ? Fait-il un peu moins froid à Washington ?

– Merci, Monsieur le Président, je vais bien ; non, l'hiver est terrible cette année, Paris me manque !

J'espère que je ne vous dérange pas à cette heure particulière, vous concernant.

– Non, ne vous inquiétez pas, je veille, car dans quelques heures je dois affronter la presse, et je voudrais transformer l'exercice en événement. Il est presque tard chez vous, non ?

– Oui, pas loin de 22 heures. Je me suis permis de vous appeler après un échange de mails avec votre conseiller économique. C'est lui qui m'a précisé que vous ne dormiez pas, et que les remarques que je souhaitais vous formuler par écrit pourraient alimenter votre réflexion.

– Je vous remercie. Quelle était donc la teneur de vos avis ?

– Je me faisais le relais de nos économistes travaillant sur la situation de l'Europe, et plus précisément de la France.

– Ils ne sont pas franchement positifs, j'imagine.

– Pire que cela, Monsieur le Président. Ils sont inquiets, très inquiets, même s'ils se gardent de l'exprimer en public. Les conditions exceptionnellement favorables pour le financement de votre dette ne doivent pas faire illusion : le jour où les taux d'intérêt remonteront – et ce jour arrivera, dans un an, dans deux ans –, les fragilités résiduelles du système financier réapparaîtront. Les dégâts seront considérables et se propageront. »

Le Président prend des notes rapides.

« De quelle manière ?

– Je vais vous faire parvenir l'étude complète. Si je résume, le vecteur du retour des tensions sera les grandes structures financières, les gestionnaires d'actifs, des fonds géants, dont les bilans sont d'ores et déjà surchargés de ces dettes à taux très bas. La remontée des taux entraînera une dévaluation des titres à l'échelle mondiale. La décote des anciens produits sera énorme, et les risques de faillites d'entités systémiques seront très élevés.

– Avec, évidemment, des tensions sur nos émissions de bons.

– Pas forcément en direct. En fait, nous travaillons sur un double krach. Celui des obligations, ensuite celui des marchés actions, ou vice versa. À la limite, la question du financement des États serait secondaire, étant donné les effets dominos qui peuvent être anticipés.

– Ce que vous me décrivez serait presque un début d'apocalypse.

– Ici, aux États-Unis, ils préfèrent une autre image biblique, guère plus rassurante, je vous l'accorde.

– Laquelle ?

– L'ultime combat du bien contre le mal. Armageddon. »

XLV

Le vieil homme est très attentif. Il a pris sa tête entre ses deux mains, ses sourcils sont froncés, il ne regarde plus le Président, il écoute la Directrice Générale, à l'élocution très claire.

« Dans ces conditions, Monsieur le Président, je serai amenée à formuler des recommandations publiques, notamment pour l'Europe, je tenais à vous en avertir au préalable.

– Je suis sensible à votre délicatesse, dans la phase difficile que nous traversons. J'espère néanmoins que l'embellie ne va plus tarder dans cette morosité conjoncturelle.

– Ne vous leurrez pas trop. Nos modèles de prévisions sont loin d'afficher le beau fixe pour l'année qui vient. Les aléas sont plutôt baissiers, selon la belle formule du langage économique !

– Dans ces conditions, quelle sera la teneur essentielle de votre message ?

– L'urgence des réformes. Je vais insister, marteler cet impératif. Nous voulons nous adresser autant aux gouvernants qu'à leurs opinions publiques. Nous sommes en situation d'urgence. Vraiment, l'action des banques centrales et leur émission massive de monnaie font monter les indices boursiers à des niveaux inquiétants, la chute n'en sera que plus brutale. En réalité, vous le savez bien, ce que vous offrent les autorités monétaires, c'est seulement un répit.

– Madame la Directrice, nous n'ignorons ni l'un ni l'autre que les autorités monétaires, comme vous dites, ne sont pas coordonnées. Pire, elles semblent courir chacune après ses propres objectifs, de préférence contraires à ceux de ses voisines. J'aimerais que vous transmettiez ce genre de remarque aux gouverneurs des banques centrales.

– Vous pensez à ces messieurs de Francfort ?

– En tout premier lieu. J'ai besoin de leur appui, je voudrais qu'ils m'aident à faire bouger l'Allemagne.

– Je n'y suis pas forcément en odeur de sainteté, vous vous en souvenez ?

– Il devient difficile, ces derniers temps, de concilier les amitiés de Berlin et de Washington.

– Ce serait exactement le résumé de mon mandat ces derniers temps. En dépit de nos différends politiques, je vous assure faire tout ce qui est en mon pouvoir. Il en va de l'avenir du pays et, au-delà, de la solidité de la zone euro.

– À Berlin, ils doivent comprendre qu'une France forte est indispensable.

– Monsieur le Président, si je peux me permettre, je suis certaine que nos amis allemands en sont persuadés. Ils regrettent justement que les résultats espérés n'apparaissent pas plus vite.

– Mon choix, vous le savez, est d'abord celui de la méthode la plus adaptée à la société française. La négociation, le consensus, voilà ce que je veux avant tout. Je veux faire évoluer ce pays en douceur, car les conflits chez nous sont toujours meurtriers.

– Malheureusement, je crains que les circonstances ne permettent pas – comment dire ? – de se hâter avec lenteur.

– C'est que je crois que les tensions pourraient vite se transformer en violences.

– Je vous entends bien ; mais il est aussi de mon devoir de vous avertir : si les grands peuples d'Occident doivent doucement se convaincre d'évoluer, leurs folies sont telles qu'elles pourraient provoquer de nouveaux soubresauts, plus terribles encore que ceux que nous avons connus ces dernières années.

– Je ne crois pas que nous en soyons encore à cette espèce d'extrémité. »

Le Président, emporté dans la conversation, vient soudain de lever les yeux ; il croise ceux du vieil homme. Sa voix s'étouffe, il se racle la gorge, comme par réflexe.

« Enfin, du moins, il nous reste encore quelques cartouches, si nécessaire.

– Pas tant que cela. Prenez garde, le retour des tempêtes sera brutal, mes experts sont formels. Une telle unanimité est assez rare pour être prise très au sérieux.

– J'ai bien l'intention d'intensifier la pression. Tel est aussi mon propre intérêt politique et personnel. Si je peux avoir une chance d'être réélu... »

Il rit.

« ... Ce qui, au passage, n'est pas nécessairement votre intérêt personnel, je dois réussir, je dois espérer au plus vite, moi aussi, les effets de mes réformes.

– C'est notre intérêt à tous...

– Et plus l'univers monétaire demeurera instable, plus le commerce international sera menacé.

– La France est un verrou capital. S'il advenait que ce verrou saute, ce serait de nouveau le système mondial qui serait en danger. En danger comme jamais. Dois-je prononcer l'expression que je n'utiliserai jamais en public ?

– Laquelle, chère Madame ?

– Celle de crise du millénaire. »

XLVI

La liaison avec Washington est terminée.

« Monseigneur, vous m'avez bien parlé d'une guerre terrible ? »

Le Président ne répond pas tout de suite. Il semble perdu dans ses pensées, puis commence à prendre quelques notes.

« Il faut aussi que je parle dans mon discours de la défense et de l'armée... » Relevant les yeux, il ajoute : « Oui, Monsieur Necker, cette guerre abominable avait commencé au cœur de l'Europe, entre la France et l'Allemagne.

– Elle se déroula quand ?

– Elle a démarré en 1939 et s'est achevée en 1945.

– Était-elle en lien avec un quelconque dérèglement économique ? »

Le Président s'arrête d'écrire. Il relève la tête.

« Bien sûr. La grande tuerie a commencé dix années après la plus grande crise financière de tous les temps, qui, elle, se déroula à partir de 1929. Elle en fut le prolongement.

– Et ce que nous évoquons depuis le début de cette rencontre, pour votre temps présent, est-ce un événement comparable à cette crise, comme vous la dénommez ?

– En effet, la situation actuelle est souvent assimilée à celle de ces années vingt. Où voulez-vous en venir exactement ?

– En quelle année, cette fois, les grands troubles économiques ont-ils débuté ?

– En 2008, en 2007 plutôt, avec une grande panique immobilière. L'effondrement des indices boursiers commence pendant l'été 2007.

– 2007 + 10 font 2017. Prenez garde à la montée des périls, Monseigneur. Aucun événement marquant n'est prévu en 2017 ? »

Le Président le regarde, interdit.

« En 2017 ? Non, enfin oui, peut-être en France... Les élections présidentielles. Mon éventuel renouvellement de mandat aura lieu cette année-là.

– Ah ? Monseigneur, n'est-ce point ce que vous venez d'évoquer à l'instant avec cette personne ? Les grands soubresauts financiers s'engagent souvent lentement, puis s'accélèrent et se propagent en dehors des frontières.

– Vous me suggérez de ne pas négliger cette question militaire ?

– Placez-la au centre de vos préoccupations. Dieu merci, m'avez-vous dit, les guerres sont désormais éteintes ?

– Oui… Enfin, j'ai décidé d'une opération militaire très loin d'ici, dans un pays d'Afrique, le Mali… Ce ne devrait pas durer longtemps… »

Il griffonne quelques lignes.

« Cependant, vous avez raison. Il faut que j'aborde le sujet de manière positive, que je n'amplifie pas le traumatisme. Parler de la protection de l'Europe, du couple franco-allemand… Il faut que mes scribes m'arrangent ça demain matin. Aquilino doit avoir travaillé un paragraphe en ce sens. Ce serait important d'évoquer les valeurs de la France et la nécessité de les préserver.

– Il serait capital de vous y consacrer, au-delà des paroles, Monseigneur.

– J'ai bien compris.

– Personne n'insiste assez sur les méfaits de la guerre. Ce n'est point le financier qui parle à présent. Vous m'entendez bien ?

– Oui ! Combien de fois dois-je vous le répéter ?

– C'est qu'en matière d'alliance et surtout de rupture, les actes pèsent lourd, dans un sens ou dans l'autre. Croyez que les enfants de mon temps auraient pu vous fournir quelques témoignages en ce sens. »

XLVII

« Cette femme, la directrice de cette banque internationale…

– Le FMI.

– Elle ne me fait pas mauvaise impression.

– Non, vous avez raison. Elle est bien. Mais elle est aussi très liée aux États-Unis d'Amérique.

– Vos alliés, n'est-il pas ?

– Nos maîtres, tel est le nœud du problème.

– Je ne m'y fais pas. Quand je pense à leur ambassadeur, ce Monsieur Franklin, beau parleur, mais que je n'appréciais guère.

– Benjamin Franklin ?

– Oui, vous le connaissez ? Enfin, je veux dire, vous avez souvenir de son nom ? Il fit de multiples expériences sur les manières d'écarter le péril de l'orage. Il nous avait dit un jour à Versailles, avec son accent inimitable, une vérité qui me parut tellement convenir aux événements ultérieurs : il est aisé de représenter les accumulations d'électricité qui un jour vont assurément se transformer en foudre. Mais nul ne peut prévoir où l'éclair frappera ensuite.

– Avez-vous noté que plus la nuit avance, plus notre ton se fait lourd ?

– Quant à moi, il m'est surtout donné de mettre avec une précision croissante des faits par-dessus cette angoisse sourde qui me ronge depuis mon étrange réveil.

– Les termes utilisés par la Directrice du FMI, enfin du fonds international, ne vous ont pas semblé trop abscons ?

– Diantre non ! J'ai eu moins peine à suivre sa conversation que la vôtre. Ne vous en offusquez point, mais il me semble que le langage de la finance a peu varié entre mon temps et le vôtre.

– Vous avez donc compris ce qu'elle suggérait quand elle m'avertissait de l'imminence de grands périls ?

– J'ai entendu l'évocation de pratiques familières, alliant le manque de vision à l'irresponsabilité chronique.

– Eh bien, vous y allez fort ! Quels sont les points qui vous incitent à tant de sévérité ?

– J'en reviens à Monsieur de Calonne. Comme lui, vous, je veux dire les responsables de votre temps, me semblez chercher de l'apaisement immédiat en échange de graves dérèglements durables.

– Précisez, je ne vous comprends pas !

– Cette gente dame a évoqué les actions visant à pousser les marchés boursiers vers les sommets.

– En effet, l'action du Trésor américain a cette conséquence, mais les financiers et les économistes s'en félicitent, car cette hausse a dans le même temps relancé la croissance.

– Leurre Monseigneur ! Illusion dangereuse ! Je connais bien cette pratique, elle s'appelle l'agiotage. Cette dénomination existe-t-elle encore ?

– Jamais entendu parler ; elle fonctionne comment ?

– Elle consiste en l'invention d'une euphorie artificielle. Monsieur de Calonne, après avoir abusé de la dette, finit par s'y résoudre, espérant de la sorte constituer enfin les conditions d'une sortie de l'impasse dans laquelle il s'enferrait de plus en plus.

– Aujourd'hui, les meilleurs esprits disent bien que pour sortir d'une dette excessive, il faut créer de la richesse !

– Voilà une formule aimable ! Sauf que, pour y parvenir, vous dépensez, dépensez toujours davantage ce que vous n'avez pas ! Monsieur de Calonne n'hésita pas, quant à lui. Il créa de la monnaie, de la fausse monnaie si vous voulez mon opinion, parce qu'il craignait le manque de liquidités. Bien sûr, il évita de la sorte un effondrement du cours des titres. »

Le Président a un sourire incrédule.

« Non ? Mais c'est incroyable ! Il injecte de la liquidité pour éviter un effondrement boursier, c'est bien cela que vous me racontez ?

– Le fait est que les valeurs de la nouvelle Compagnie des Indes montèrent sans discontinuer. Dame ! Quand vous distribuez de l'argent gratuit, il n'est pas difficile de rendre les financiers euphoriques. On fit de jolis profits quelques mois avant les premiers événements sanglants de 1789. »

XLVIII

« Vous estimez donc, vous aussi, qu'en injectant de la monnaie, le risque de spéculation augmente ? »

L'autre s'agace un peu :

« Tout homme moderne et instruit que vous êtes, Monseigneur, vous ne comprenez rien aux marchés ! Que me parlez-vous de spéculation ? La spéculation est une prise de risque insensée. Au contraire, la spéculation n'a plus de raison d'être quand les cours ne font que monter ! Et au cas où ils auraient la mauvaise idée de stagner, par exemple si les informations à propos de la compagnie n'étaient pas aussi bonnes qu'attendu, vous réinjectez encore un peu de bel argent, et l'ascension reprend !

– Ce bel argent, comme vous dites, quel est-il ?

– Mon Dieu, allez-vous entendre, à la fin ? Du crédit, toujours du crédit, de la facilité de dette ouverte à tous vents. Et puis Calonne ne s'arrêta point là. Il voulut suivre les idées de Monsieur Turgot, qu'il n'avait pourtant pas épargné quand le grand homme tentait d'imposer ses réformes.

– Ah, nous sommes sur un point d'achoppement entre eux et vous, si je comprends bien. Un autre que l'endettement ?

– Monsieur Turgot haïssait la dette et le déficit autant que moi. Il est un ordre à respecter. D'abord, il s'agit de remettre les finances à l'endroit en réformant l'État...

– Nous n'en sommes pas encore rendus à ce point, quant à nous.

– Ensuite seulement, il est capital que le goût du risque revienne chez ceux qui pourraient produire cette richesse indispensable. Peut-être dans cette phase, en effet, je me distinguais de Monsieur Turgot.

– Et de Monsieur de Calonne.

– De grâce, ne me comparez point à ce dernier personnage. Non, là où je me sépare de Monsieur Turgot, c'est sur l'organisation de l'industrie et du commerce avec les autres nations. Ma réputation à la Cour, je vous l'ai dit, débuta par l'éloge du grand Colbert que je prononçai à l'Académie. Aujourd'hui encore, je n'en renie pas un mot.

– Et quelle grande leçon en tirez-vous ?

– Que l'État doit investir dans les manufactures et dans l'économie, que les entreprises du royaume doivent être protégées des marchandises de l'extérieur.

– Tiens donc ! Vous êtes protectionniste alors !

– Calonne chercha, à l'imitation de Monsieur Turgot, à favoriser la liberté de commerce, celle que préconisait aussi le vieux Monsieur de Montesquieu quand j'étais jeune. Vous avez encore connaissance de cet esprit brillant ?

– Oui, il est resté dans les mémoires et ses maximes sont citées en exergue de bien des livres !

– Quand Calonne voulut mettre les actes en accord avec les grandes idées, il instaura ce traité avec l'Angleterre après la guerre d'indépendance des colonies américaines, ce qui mit en péril beaucoup de nos activités, celle des tissus en particulier.

– Et la France n'a pas vendu davantage à Londres ? »

Le vieil homme marque une hésitation.

« Certes. Nos produits, le vin et certaines belles productions de nos campagnes furent livrés en quantité à cette époque aux Anglais, avides de notre savoir-faire et de notre qualité. Les miroitiers du Roi étaient si recherchés qu'à Londres, où j'étais en voyage avec mon épouse quand j'appris la chute de Calonne, on me demandait précisément l'adresse de petites manufactures qui pourraient équiper les grands chantiers d'Europe en belles portes et fenêtres vitrées, "à la française" comme ils disaient. »

En prononçant ces mots, il imite l'accent anglais et fait élargir le sourire du Président. Celui-ci se tourne sur son fauteuil et lance :

« Cher Monsieur, là je ne vous suis pas. Vous êtes opposé à la liberté du commerce ? L'idée peut avoir un certain succès dans la France d'aujourd'hui, mais je ne la partage pas. Les échanges sont la meilleure façon d'éviter la guerre.

– Je ne le nie point. Je cite souvent cette maxime de Monsieur de Montesquieu, justement : "Et c'est une règle générale, que partout où il y a des mœurs douces, il y a du commerce ; et que partout où il y a du commerce, il y a des mœurs douces."

Le Président prend note et commente :

« Alors que les risques de guerre resurgissent dans notre monde, cette maxime me semble toujours d'actualité. Vous venez de le dire, le traité avec l'Angleterre fut négocié justement quand le conflit pour l'Amérique s'arrêta.

– Il est vrai, Monseigneur. Mais je sers la France, et son industrie n'était pas armée pour résister à la concurrence des dynamiques entrepreneurs d'outre-Manche.

– Ah oui ? Nous manquions de compétitivité, c'est bien cela ? Le parallèle est encore plus prodigieux avec aujourd'hui, vraiment prodigieux. Aujourd'hui, nous ne sommes plus armés ni contre les Anglais, ni contre les Chinois, ni contre les Allemands, ni contre les Espagnols et j'en passe !

– Alors, que suggérez-vous, Monseigneur ?

– Eh bien, il faut pousser les Français à améliorer leurs produits, à investir davantage.

– Je vous l'accorde, et je vous oppose la véritable raison de notre défaveur, comparée à l'Anglais.

– Quelle est-elle ?

– Nous tournons en rond, n'est-il point ? La véritable raison est l'impôt, les taxes, le fait que tous les sujets devaient supporter le poids exorbitant de nos déficits. »

XLIX

« Nous allons peut-être éviter de nous jeter dans la Seine dès cette nuit ; imaginez finalement que je vous accompagne dans votre souterrain pour prendre place non loin de vous, dans votre mausolée... »

Un pauvre sourire apparaît dans les rides de l'autre.

« Monseigneur, je ne puis vous y convier. Ma tendre épouse n'avait prévu que deux places. Même notre chère fille ne fut point invitée à partager notre repos, que nous pensions éternel. Je n'aspire qu'à y revenir au plus vite.

– De mon côté, je vous avoue ne pas être particulièrement pressé de vous rejoindre. Vous n'avez pas le pouvoir de m'aider à anticiper les trahisons et les chausse-trapes ?

– Monseigneur, je vous le répète, je n'ai point de facultés propres à la divination. Ma seule qualité sera seulement de réfléchir à vos côtés... Et peut-être de vous donner un peu de cette force, de ce caractère qui me manquèrent.

– Alors, quelles furent les ultimes erreurs commises par Calonne, ou même par vous ? Comment se produisit l'effondrement ?

– Il n'est pas aisé de l'exprimer si promptement. Nous fûmes tous coupables de procrastination, le Roi en premier lieu.

– Les navigateurs les plus sages sont aussi ceux sachant attendre que s'apaisent les vents contraires.

– Certes, Monseigneur. Mais il est un moment où il devient nécessaire d'appareiller. Six années s'écoulèrent après mon premier congé. Quand Calonne eut épuisé tous les subterfuges, il en vint à juger impérieuses les décisions que Monsieur Turgot, vingt ans auparavant, avait proposées, celles qui me valurent la disgrâce de Sa Majesté.

– Acheter du temps, n'est-ce pas ? Ce que m'offrent les banques centrales, comme le disait la Directrice du FMI. Mais plus j'attends, plus il devient cher.

– Monseigneur, vous dites vrai. Sa Majesté, quand Calonne lui proposa son plan ultime, s'exclama en lisant son mémoire : "C'est du pur Necker que vous me donnez là !" J'en conçus un peu de gloire et beaucoup d'amertume. Pourquoi toujours croire qu'une autre politique est possible ? Et, comme de juste, une autre politique moins éprouvante. Tel est le sens commun des tergiversations.

– Je crois que vous êtes clair : la première des fautes est de ne rien faire. Je vais reprendre la main. Mes suggestions, vont-elles attirer la foudre ou la détourner, pour reprendre le mot de Franklin ? »

Le vieil homme réfléchit un moment.

« J'entends bien votre hantise. La rédaction de mon ouvrage, *De la Révolution française*, avait pour objet de revenir sur cette période que j'eus le privilège, le mot convient-il d'ailleurs ? de vivre du dedans.

– "Vivre" n'est pas assez fort : vous en fûtes aussi l'un des acteurs majeurs.

– Je vous l'accorde. En vous l'exprimant aussi clairement qu'il m'est possible, je représenterais que notre plus grande inconséquence fut, en pareilles circonstances, de vouloir un changement profond de la nation.

– Quand vous dites "nous", vous parlez du Roi et de vous-même ?

– Et de Monsieur de Calonne, qui finit par aboutir, à ce sujet comme en d'autres, à des conclusions identiques aux miennes.

– Était-ce bien, ou mal ? Je suis un peu perdu !

– Cette réforme-là était à la fois essentielle et malvenue dans les conditions où nous nous trouvions. C'est elle qui provoqua l'escalade fatale, à laquelle tous participèrent, noblesse, clergé et Tiers État.

– Soyez précis alors ; de quoi est-il question ?

– Je l'ai déjà évoqué et j'avais noté que vous aviez sursauté. Il s'agit d'introduire une réforme du territoire de la nation, de changer le poids politique des provinces dans leur rapport à l'État, et de modifier le pouvoir des parlements locaux. Je ne sais si vous l'entendez dans vos préoccupations d'aujourd'hui. »

Le Président blêmit d'un coup.

« Ah oui, la réforme territoriale… Vous aussi ? »

L

Le Président fronce les sourcils. Sa narine gauche se contracte légèrement, signe chez lui de contrariété.

« Redessiner le territoire peut être une belle manière de moderniser un pays.

– Ce peut être surtout la façon d'éluder les décisions difficiles et impopulaires. Pour le Roi, le résultat fut une convocation des États généraux durant ce brûlant été de l'an de grâce 1789. Il était question d'apaiser les tensions, mais il était trop tard.

– Oui… Je m'en souviens… Figurez-vous que j'ai l'intention d'annoncer demain une grande modification des régions, les provinces d'aujourd'hui. »

Le vieil homme se tait. Il ouvre de grands yeux, comme s'il attendait un démenti. Le Président demeure figé.

« Monseigneur, cette coïncidence est troublante. Elle aurait tendance à m'effrayer. À m'effrayer doublement, devrais-je ajouter. À la lumière de mon expérience, ce que je redoute pour vous est la confusion des exigences. Il est pertinent de faire porter sur les provinces certaines des dépenses publiques, par conséquent le poids des impôts qui doivent les financer. En revanche, il est périlleux de procéder ainsi que nous le fîmes, de lancer la transformation des échelons locaux alors que sont reportées les grandes décisions de l'État.

– Vous craignez l'alibi ; laisser penser que ce serait une défausse en raison de l'incapacité à lancer les vraies réformes ?

– Précisément, Monseigneur. Et c'est ici que réside mon second effroi, plus grand encore. Cette image de faiblesse est une déplaisante indication envoyée aux édiles. Ce sont eux qui mènent ensuite la sédition contre le pouvoir central. Ils n'ont point d'autre choix, du reste, car s'ils demeurent paisibles, ils seront considérés par le peuple comme complices des nouveaux impôts nécessités par le transfert des obligations. Où que vous vous tourniez, vous préparez le soulèvement qui s'allumera un peu partout dans le pays. »

Les deux hommes restent silencieux, comme frappés de stupeur. Le Président semble abattu par cet ultime parallèle. Il est le premier à se ressaisir :

« Au fond, si je résume votre pensée, puisqu'il semble si difficile de faire changer la tête de l'État, on souhaite faire payer les provinces.

– C'est cela ! Les parlements des notables qui devaient redessiner le pouvoir au sein du pays furent surtout les germes de la dislocation à venir.

– Pourtant, l'une des raisons de cette dépense endémique de l'État français tient à sa structure jacobine... je veux dire centralisatrice ; vous, citoyen helvétique, devez bien relever l'inanité d'un tel fonctionnement et les dangers qui peuvent en résulter. Dans les excès d'une tête hypertrophiée et dans le confort déresponsabilisé des régions, des provinces comme vous dites.

– J'entends vos arguments, Monseigneur, je les ai même formulés à plusieurs reprises ; sauf que la méthode est la pire de toutes : vous apparaissez comme n'ayant pas le courage de mener les grands changements qu'il faudrait mettre en œuvre. En cherchant à vous concilier les sentiments, vous détériorez encore le crédit de l'État.

– Non, là, je m'insurge ! Je ne refuse pas les responsabilités ! Nous avons accumulé tant de strates inutiles dans l'organisation administrative, c'est une nécessité ardente de les simplifier. »

L'autre l'arrête d'un petit geste sec.

« Monseigneur, de grâce, ne m'infligez point de ces discours convenus que vous devez tenir ici ou là pour donner l'illusion de l'action.

– Je n'aime pas non plus vos expressions, Monsieur. L'action que je mène n'a rien d'illusoire, vous pouvez m'en croire. Vous utilisez le langage de mon opposition. »

Les deux hommes se toisent. Pour la première fois, le ton a monté. Le vieil homme finit par secouer la tête d'un air de tristesse profonde

« Monseigneur, ne vous offusquez pas, je ne vous importunerai plus longtemps, je le sens. Notre conversation, pour plaisante qu'elle fût... Non, d'ailleurs, le qualificatif ne sied point, pour extraordinaire, mystérieuse qu'elle fût, ne durera point au-delà de cette nuit. Vous ne voulez point entendre, je n'y puis rien, je ne pourrai aller par-delà votre désir. J'éprouve une soudaine fatigue. »

Le Président se contracte.

« Vous jouez du chantage, Monsieur Necker, ce n'est pas bien. Dans ma situation, j'aurais besoin plutôt de réconfort. »

LI

Le Président se lève, il va et vient dans le grand bureau. Le vieil homme le suit des yeux.

« Autour de moi, je n'ai que des gens, parfois de bonne volonté, pas toujours d'ailleurs, qui se plaignent que je n'en fais qu'à ma tête, que je n'écoute personne, que je ne prends aucun avis avant de me lancer dans des décisions que tous me reprochent ensuite. Mais je vais vous dire : si j'avais dû écouter les meilleurs conseillers, je ne serais pas à cette place. J'ai cru en mon destin seul.

– Monseigneur, je n'entends rien à ces manœuvres politiques d'un temps qui n'est pas le mien. Cependant, elles ne me semblent point obéir à des ressorts bien différents de celles que j'ai connues : la trahison, la lâcheté, l'ambition personnelle, et bien peu d'esprit public. Passons. Non, Monseigneur, je me dois d'être plus précis avec vous, plus direct, plus explicite.

– Eh bien, allez-y, bon sang ! C'est le moment, vraiment le moment où enfin j'aurais besoin de quelqu'un qui me dise les choses pour de bon, sans embrouiller, sans se perdre dans les méandres des dossiers.

– Monseigneur, je vous affirme avec force que la réforme des territoires que vous envisagez est un danger si vous la concevez telle que la fit Calonne, permettant de ne pas frapper les avantages de ceux qui se disent au service de l'État et sont surtout préoccupés de leur propre condition.

– Oui, j'ai bien saisi le sens de votre pensée. Pour le moins, vous savez vous faire insistant.

– J'aurais dû l'être plus tôt. Je voudrais apprendre de mes fautes et vous en faire profit. Je vous dis, je vous répète que le déficit se règle d'abord par une remise en cause de la dépense, non point à la marge mais en profondeur. Supprimer une ou deux pensions, restreindre quelques rentes scandaleuses semble simple.

– D'accord, toujours d'accord, avancez je vous prie !

– Porter le fer dans toutes les dépenses anormales, restaurer non seulement l'équilibre des dépenses, mais aussi le faire de manière plus durable.

– Plus structurelle.

– Certes, je connais mal ce mot. Ce premier point acquis – celui sur lequel je me heurtai –, traiter le second point, majeur pour l'obtention de résultats définitifs, aussi bien dans l'équilibre des finances que dans celui du signal envoyé aux forces vives, celles qui fabriquent la richesse du pays.

– Oui, oui, et ce second point, ce serait ?

– Ne point écarter la solution radicale. Quand les circonstances sont favorables, il est bon de les utiliser autant que faire se peut.

– Solution radicale ? Qu'entendez-vous par là ?

– Ce que je proposai à l'Assemblée nationale, quand il semblait certain que nous courions à la banqueroute.

– Qui finit par se produire, n'est-ce pas ?

– En 1797, après mon départ, en effet.

– Quel était l'élixir magique que vous aviez en tête ?

– Guère magique ! Procurant pour le moins la migraine et désordres divers : il s'agissait d'une contribution unique, très lourde, universelle, permettant de ramener en une fois la dette à un niveau soutenable.

– Un *one shot* ? Vous comprenez l'expression anglaise ?

– J'ai vécu à Londres, ne l'oubliez pas. La formule m'agrée. Un seul boulet, une seule balle, pour faire tomber la muraille financière à laquelle se heurte tout projet d'avenir à l'échelle du pays.

– Vous vous rendez compte que c'est une taxe sur le patrimoine, sur l'épargne ?

– Ces messieurs de l'Assemblée représentaient plus les rentiers que le vrai peuple. Ils manquèrent de tomber en syncope quand j'en émis l'idée. Cet horrible Mirabeau... Vous avez souvenance de son nom ?

– Mirabeau ? Mon cher, si vous avez donné votre patronyme à de petites rues, lui a des avenues, des cours, des ponts !

– Pour ce personnage, laid au physique comme au moral ? Je l'exècre ! Il fut, avec Montesquiou, de ceux qui refusèrent ma mesure, la seule permettant encore de sauver la nation. Comme de juste, ils préférèrent la fuite au courage.

– C'est-à-dire ?

– Mais en appliquant ce qu'évoquait votre banquière mondiale, comment dites-vous ?

– Le FMI.

– C'est cela. Ils décidèrent, ainsi que vous le faites, d'imprimer de la monnaie, de créer des assignats, bref de préparer la ruine, ou plutôt de la parachever. »

LII

Le vieil homme se frotte la nuque, puis les tempes. Il semble s'affaiblir, éprouver des difficultés croissantes à se tenir assis.

« Monseigneur, je vous en implore, osez ! Il vous faudrait attaquer au cœur les incohérences dans la conduite des affaires publiques. Cette responsabilité est la vôtre, à vous seul. »

Le Président fait un geste de la main :

« Je vous entends, mais pas totalement ! À notre époque, un homme, aussi puissant soit-il, ne décide pas ainsi. Les représentants du peuple ne doivent pas être exclus des débats. Telle est la grandeur de la démocratie. »

L'autre réagit :

« Point de ces mots pompeux, Monseigneur. Êtes-vous en charge du pouvoir ? Si tel est le cas, c'est à vous qu'il incombe d'assumer la charge quand personne ne voudra accomplir la mauvaise part du travail.

– Ce n'est pas ma manière de gouverner.

– Je fulmine, Monseigneur. Le Roi avait de la sorte refusé de diriger par ce que nous appelions les "ordonnances". Saisissez-vous la signification de telles dispositions ?

– Bien sûr. Nous avons encore cette possibilité aujourd'hui. Et je serai, comme Louis XVI, très réservé quant à leur usage. Je ne crois pas aux passages en force.

– Mon Dieu, encore cette similitude de votre personnalité avec celle du feu Roi ! C'est insensé qu'il me soit donné d'avoir à jouter sur les mêmes sujets à deux siècles de distance !

– Admettez qu'il se peut que vous ne soyez pas nécessairement dans le vrai. »

L'autre se fait acerbe :

« Admettez quant à vous que le tragique épilogue du règne me donne quelques arguments. Et l'attente de la réforme pourrait être aussi puissante dans votre peuple qu'elle le fut dans le nôtre.

– Que voulez-vous dire ?

– J'ai souvenir de cet élan incroyable que provoquèrent la convocation des États généraux et la rédaction des cahiers de doléances. Cet épisode n'a pas disparu des mémoires ?

– Certes non ! Une sorte de première dans la démocratie participative, la grande obsession de mon épouse !

– Ce qui importait était le désir exprimé partout, y compris par les gens de peu, d'exiger de leurs gouvernants, de proposer, d'oser.

– De transgresser ?

– Encore ce mot, Monseigneur. Chacun escomptait qu'existe enfin l'espoir de sortir au plus vite de cette atmosphère figée, immobile, qui était devenue celle de la France.

– Je ne nie pas qu'il y ait pareille espérance aujourd'hui. Mais ce genre d'affirmation est paradoxal. En même temps, on veut que tout bouge et que rien ne change.

– Je vous le dis tout net. À force d'ergoter, vous, Monseigneur, avec les fonctions qui sont les vôtres, vous faites perdre de précieuses opportunités à la nation.

– Il peut être préférable de ne pas trop brusquer, de ne pas se précipiter.

– Tout dépend de l'enjeu ultime. À mon époque, je n'en eus point conscience dans l'instant, la France prit de terribles retards. Or les progrès de la science étaient considérables... »

Le Président paraît songeur :

« Ah oui... Cugnot, Montgolfier et consorts, c'est cela ? À vrai dire, la situation actuelle pourrait vous sembler identique. Il ne m'est pas même possible de vous représenter à quel point la science humaine accélère.

– Et féconde-t-elle l'activité économique ?

– Oui, sans aucun doute. Selon nos meilleurs experts, nous sommes à l'aube d'une transformation radicale de la société.

– Comme le serait le changement entre les conditions de vie de mon époque et celles de la vôtre ?

– Oui, voire dans des proportions plus fortes encore. Ce qui est proprement vertigineux, je vous l'avoue.

– Cette information est capitale, Monseigneur ! Une substantielle croissance serait donc l'horizon possible de vos générations futures ? Pour la première fois depuis le début de nos entretiens, j'entrevois une finalité positive dans l'énergie que je déploie à vous convaincre d'agir, fort et vite.

– Au fait, ce fut bien, à terme, la conséquence de la Révolution : les bienfaits de la science n'ont cessé de se répandre.

– Ce serait injuste de supposer que Sa Majesté s'y serait opposée. J'ai rarement connu un homme aussi passionné des choses du progrès, au point d'en imaginer de multiples retombées pour ses sujets.

– Vous croyez donc que je ne dois pas entendre les sombres prédictions de certains oiseaux de mauvais augure, qui parlent de stagnation séculaire ?

– La science est le principal stimulant du changement de l'économie. Si la science est forte, vous ne pouvez qu'espérer dans le futur. À moins que…

– Que quoi ?

– Que les forces déplaisantes du monde ancien vous empêchent de libérer les énergies lumineuses du monde futur. »

LIII

« Tiens, c'est gentil... »

Le Président regarde son téléphone mobile. Un message vient de lui être envoyé.

« Personne ne dort, ce soir. Je reçois quelques mots d'une amie, l'une des rares femmes sur lesquelles je puisse vraiment compter, depuis des années. Vous savez, ce genre de certitude qui ne se confirme qu'au prix des épreuves et des trahisons de toutes sortes. Elle est discrète, intelligente, bonne conseillère, ne m'a jamais déçu. Jamais.

– Et que vous dit-elle ?

– Oh, peu de chose. Juste qu'elle pense à moi, qu'elle se refuse à croire ce que l'on colporte à mon propos. Voilà, un presque rien qui me semble doux. Vous permettez ? Je dois la remercier.

– Je vous en prie. »

Le Président tapote une réponse rapide. Il parle tout en regardant son écran.

« Je lui souhaite tous les succès possibles. Dans quelques semaines, elle va tenter d'être élue à la mairie de Paris. Comment disait-on ? À la prévôté ? Ce serait la traduction ? »

Le vieil homme plisse les paupières.

« Décidément, Monseigneur, il est beaucoup de femmes autour de vous. Beaucoup de femmes remarquables... »

Le Président fait une petite moue, mi-confus, mi-satisfait.

« Je crois entendre comme un reproche : beaucoup de femmes, c'est-à-dire trop ?

– Il ne m'appartient pas de juger. J'aurais pu devenir votre directeur de conscience ; savez-vous que j'ai fait paraître des *Réflexions sur le divorce*, en grande partie pour ma si chère, si turbulente enfant ?

– Je ne vous en demande pas tant. Et d'ailleurs, vous auriez sans doute quelques difficultés avec les mœurs modernes. Car, à la différence de votre époque, les femmes occupent désormais beaucoup d'emplois à très hautes responsabilités.

– Ne vous y trompez point, Monseigneur ; les femmes furent également importantes de mon temps. Je dois mon ascension d'abord à ma chère épouse. Et la Reine joua un rôle décisif.

– Il lui fut reproché, d'ailleurs.

– À tort pour une grande part, je vous le répète. Elle prit sur elle bien des haines qui ne lui étaient pas destinées. Plus les jours se faisaient sombres, plus le Roi se tournait vers elle et recherchait son conseil. Certes, elle ne fut pas toujours bien entourée, mais elle avait souvent la sagesse du cœur. Elle le paya si cher ! Son procès fut une horreur, savez-vous ?

– Oui. Ce n'est pas la plus grande fierté de la République.

– J'ai encore souvenir de notre ultime entrevue, de ses larmes. Alors qu'auparavant son parti m'avait combattu, elle avait fini par se ranger derrière mes propositions, qu'elle appuyait auprès du Roi. Elle eut prescience des événements à venir. J'en ai conviction profonde.

– Ah, vous voyez bien qu'il est possible d'avoir une sorte de prémonition quand de grands bouleversements se préparent.

– Monseigneur, il m'est difficile d'émettre un avis, quand ma condition si mystérieuse est un défi de chaque seconde à ma propre raison.

– Et à la mienne ! Alors, dites-moi ce que vous pensez après ces heures extraordinaires que nous avons passées ensemble ?

– Quelle est ma pensée ? À quel propos, Monseigneur ?

– Quel est votre rôle ? Quel est le sens de cet épisode stupéfiant qu'il nous est donné de vivre ?

– Vous l'avez suggéré, n'est-ce pas ? Ma mission est de vous avertir sans doute, de pointer tant de similitudes entre votre situation et celle que j'ai eu à connaître ; je mets à profit mon expérience pour vous détourner des erreurs que j'ai moi-même commises. »

Le regard du vieil homme est comme perdu. Le Président le remarque :

« Vous ne vous sentez pas bien ?

– Je suis au plus mal. Je ne vous le confie point, mais je sais que bientôt le temps va se refermer. J'en ai la certitude... » Il hésite, puis ajoute : « Mais telle n'est point la première raison de mon malaise.

– Ah ? Quelle est-elle alors ? »

Le Président a pâli sensiblement.

« Il se peut que les mots ne conviennent point. Je formule de nouveau l'hypothèse que nous énonçâmes tantôt : il m'apparaît confusément qu'en réalité, ce n'est point un avertissement que je vous adresse.

– Et que faites-vous, alors ?

– C'est bien une annonce que je formule, j'en ai désormais la quasi-certitude. C'est différent. Et peut-être plus terrible. »

Les deux hommes parlent à débit lent, à voix presque basse, comme s'il n'était plus nécessaire de préciser l'évidence.

« Je crois que le destin est en marche ; je ne vois guère comment vous pourrez échapper à la fatalité.

– Quoi qu'il advienne, le pays va à de très grands troubles, c'est cela ?

– Sans doute. Parmi les plus graves de toute son histoire. Et les conséquences en seront immenses, non seulement pour la France mais aussi pour l'Europe et pour le monde. »

LIV

« Tant qu'à faire, perdu pour perdu, vous avez raison, il me faut agir, alors. Contre mon camp, contre l'avis de mes ministres, de mes conseillers..

– Le pays va connaître une autre révolution. Mieux vaudrait que vous l'eussiez préparé.

– J'ai tellement de mal à croire à l'imminence des émeutes, des manifestations, des troubles en tous genres... Je ne parviens pas à imaginer la population française d'aujourd'hui basculer dans la violence et la sédition. Je dois avoir tort. Dans le passé, les dirigeants ont toujours été surpris, je crois, par les mouvements qui couvaient pourtant sous leurs yeux...

– Et vous, Monseigneur, ne percevez-vous aucun signe avant-coureur ?

– Je ne peux vous affirmer le contraire. Il n'est pas un jour sans qu'ici ou là, on évoque l'escalade des dissensions dans une société ayant perdu ses repères. Dans les dîners, vous entendez la petite phrase : "Tu vas voir, ça va exploser", vous comprenez ?

– Oh oui ! Monseigneur, j'entends bien, très bien. Nous avions à Versailles, à Paris, ce même genre d'affirmation.

– Sauf qu'une fois balancée la grande formule, personne ne sait exactement comment elle pourra se transformer en faits concrets. Mon ministre de l'Intérieur m'abreuve de rapports rassurants, enfin relativement, évoquant les risques de troubles, et affirmant que la situation est totalement sous contrôle.

– La police secrète du Roi était réputée pour son efficacité. Elle eut le même aveuglement. À Versailles, on dansait sur les bords d'un volcan en fusion.

– J'ignore si vous avez eu vent de l'anecdote, le journal de Louis XVI du 14 juillet 1789 mentionnant seulement : "Rien", quand la Bastille venait de tomber. J'ai peur, moi aussi, de ne pas voir le grand incendie quand il commencera à mes portes.

– Il est vrai, Monseigneur, que l'incrédulité domina quand furent connus les événements de Paris. Personne ne voulut accroire qu'un tel déchaînement de violence fût possible, même si, chaque jour, chacun jasait sur la montée des périls.

– Mais vous, aux responsabilités, vous étiez plus lucide, non ?

– Monseigneur, je ne sais si vous avez encore en mémoire la succession de comportements déraisonnables de Sa Majesté, son refus de se protéger, ni lui ni les siens. Il était sous l'empire d'une confiance excessive en l'amour de son peuple.

– Lui peut-être, mais vous ! Vous étiez suisse, vous n'étiez pas né à Versailles, vous n'aviez pas la même myopie, tout de même !

– Que croyez-vous ? Après coup, il est facile de penser que nous eussions pu, que nous eussions dû. Mais au moment où les ingrédients de la catastrophe s'assemblent, vous êtes à ce point préoccupé des choses de l'instant, les querelles du quotidien vous accaparent tant que l'évidence disparaît et que vous ne percevez rien. »

Le vieil homme hésite.

« Monseigneur, j'ai conscience de votre propre frayeur. Je me dois de me confesser à vous. S'il est faute magistrale que je commis en ces heures tragiques, ce fut précisément ma cécité, ce 5 octobre 1789 tragique, quand la populace surexcitée ramena à Paris la famille royale.

– Ah oui, "le boulanger, la boulangère"...

– ... et "le petit mitron". Vous en avez souvenir. Il eût été possible de se réfugier à Rambouillet, des troupes nous y attendaient. Je fus sans doute celui qui en dissuada Sa Majesté. C'eût été le début d'une guerre sanglante, mais assurément le déroulement des choses en eût été changé.

– Le Roi ne voulait pas de violence à l'encontre de son peuple.

– Il se refusait à imaginer l'inimaginable, voilà la vérité. Et vous, ne pourriez-vous déceler, aujourd'hui, ces affrontements qui pointent et qui demain pourraient en engendrer d'autres, encore plus grands ? »

Le Président réfléchit.

« Un scénario de chaos ? Des circonstances qui pourraient mettre dans la rue une part importante de la population ? Qui pousseraient une partie de la jeunesse à combattre les forces de l'ordre, au risque d'y perdre la vie ? Qui se propageraient d'une ville à l'autre, à l'intérieur du pays, en dépit de l'armée, des chars, des canons ? »

Le front du vieil homme se plisse.

« Monseigneur, je lis dans vos yeux que ce ne sont point chimères, me trompé-je ?

– Non, bien sûr que non. Vous ne pouvez vous figurer notre mécanisme électoral, mais si demain était élue en mes lieu et place une femme, une des tenantes de l'idéologie de l'extrémisme, de la fermeture des frontières, de la fin de nos alliances, de la vindicte contre une partie de la population, oui, là, je peux imaginer le pire. »

Le Président semble essuyer une goutte de sueur au bout d'un de ses cils.

« Monseigneur, je perçois avec horreur que vous ne vous figurez point ces sombres événements.. Vous les voyez ! »

LV

« Monseigneur, cette autre certitude est sans ambages : le temps est proche où je vais disparaître. Je ne vous cèle pas que j'en éprouve immense soulagement.

– Vous m'abandonnez !

– Je ne puis vous accompagner plus longtemps. Nous nous retrouverons dans l'autre monde, assurément.

– Une partie de moi se refuse à le croire.

– Cela n'a point d'importance. Nos raisons, si brillantes soient-elles, seront prises encore en défaut.

– D'ici là, d'ici peu, j'aurais eu encore besoin de vous.

– Je reviendrai. Non pas physiquement, mais par la manière dont j'ai le mieux influencé les affaires de mon temps.

– Ah ? Et de quelle sorte ?

– Par le livre, Monseigneur. J'ai grande croyance qu'un livre marqué de mon nom vous rappellera cette nuit, nos conversations, si vous en éprouviez le besoin... Ou s'il convenait de le faire.

– Ce qui signifie, cher baron ? »

Le vieil homme a un demi-sourire entendu.

« Toujours cette crainte, Monseigneur, que vos résolutions ne tombent dans l'oubli, sitôt que cette grande conférence sera passée, avec succès, je n'en doute pas.

– Décidément, vous n'avez pas confiance en ma conviction !

– Vous me ressemblez trop, vous lui ressemblez trop, vous avez souvenance ?

– À qui, au Roi ?

– Monseigneur, il n'est pas une nuit, pas une aube où je ne songe à son martyre. Que ne l'ai-je aidé à mieux percevoir les menaces.

– Vous croyez que moi aussi je pourrais être aveugle ?

– Tous les souverains le sont. Telle est la fatalité des palais dans lesquels ils sont enfermés. » Il soupire. « Même si le vôtre me paraît bien modeste, ses murs sont encore assez hauts pour vous dissimuler la réalité de la vie. Cet isolement est tragique, Monseigneur, quand, au-dehors, les gens pleurent leur malheur et ne le supportent plus.

– Ma philosophie, mon éducation me poussent à me préoccuper des petits, des pauvres, des sans-grade.

– Vous serez toujours supposé les mépriser. Cet hôpital auquel Madame Necker a laissé notre nom fut l'image même de la préoccupation sincère, grave, que le Roi portait aux plus petits de ses sujets. Qui s'en souvint quand on lui fit procès ?

– On me fera le même reproche, j'en suis sûr, un jour ou l'autre. »

Le vieil homme hoche la tête longuement. Il semble accablé au point d'en être touchant. Le Président le relance :

« Et de caractère, comment était-il ?

– Le Roi n'était pas si pleutre qu'on le prétendait à l'époque.

– Il avait une réputation de mollesse ?

– Oui. Sans doute, un effet de sa corpulence, de ses paupières un peu lourdes, de ses traits épais. Souvent, depuis, j'ai pensé que les apparences physiques peuvent tromper sur la nature réelle d'un caractère.

– Vous avez noté que votre description pourrait me correspondre ?

– Oui, Monseigneur ; c'est pourquoi je fus frappé par la ressemblance dès que je pénétrai dans cette pièce. Vous êtes plus petit, certes, mais depuis deux siècles la taille des hommes se serait-elle réduite ? »

Les lèvres du Président se crispent.

« Non, pas vraiment. Ce serait plutôt l'inverse, les gens sont plus grands de nos jours. Disons que je suis plutôt une exception. »

Il se redresse insensiblement. Le vieil homme s'en aperçoit.

« Ce sont les sujets qui se comparent au souverain et non l'inverse. »

Il le sent, la sentence plaît à son interlocuteur.

« Bravo, vous n'avez pas perdu l'esprit de cour, Monsieur. »

LVI

« Monsieur Necker, si je vous demande un avis franc, me répondrez-vous ?

– Monseigneur ! je vous suis obligé.

– Tant de fois, depuis le début de notre rencontre, cette idée m'a taraudé : et si moi non plus, je n'étais pas l'homme de la situation ? En clair : si j'incarnais la plus grande des entraves quand on peut redouter cette évolution tragique que nous évoquions pour le pays il y a un instant, ainsi qu'il l'a connue à votre époque ?

– Vous me placez dans l'embarras...

– Oh, je vous en prie ! Vous l'avez dit vous-même tout à l'heure. Que pourriez-vous craindre ? Je ne vais pas vous envoyer à la Bastille.

– Disgrâce, exil ? Merci, Monseigneur, j'ai déjà donné. »

Le Président a un petit rire, qui cependant se fige devant la mine grave soudain prise par le vieil homme.

« Monseigneur, à plusieurs reprises déjà, j'ai songé à vous dévoiler le fond de mon âme.

– Et qu'aurais-je à en redouter ?

– Monseigneur, j'éprouve sur cette question aussi, vis-à-vis de vous, le sentiment ressemblant en bien des points à celui que je nourrissais envers le Roi.

– Et comment pourriez-vous le résumer ?

– Par un mélange de compassion, d'affection, même si je vous connais depuis peu. Mais aussi, je dois vous avouer, un doute, un doute tragique. »

Le Président s'agace.

« Au fait, Monsieur, il ne nous reste que peu de temps.

– Comme Sa Majesté, vous ne semblez pas manquer de courage. Ce qui vous fait défaut, c'est une idée directrice assez forte pour la tenir quoi qu'il arrive, quelle que soit la détestation qu'elle pourra susciter, quelles que soient les réticences de vos amis. Pour vous dire le vrai, vous me semblez seul, tellement seul, Monseigneur. »

La voix du Président chevrote un peu.

« Sur ce point, je dois admettre que vous avez raison. Je me défie de bien des courtisans qui m'entourent, de ces amis qui sont accourus au moment de la victoire et qui, vous l'avez constaté vous-même, se préparent à me lâcher quand les difficultés deviendront insurmontables.

– Vous êtes impopulaire, Monseigneur, vous êtes isolé, il faut une force terrible, une foi inébranlable, une conviction hors du commun pour parvenir à tenir le cap dans la tempête. Ce cap, il n'est pas imaginable de l'inventer en pareilles circonstances.

Il doit être forgé bien auparavant et conserver son caractère d'évidence.

– Vous pensez que je n'ai pas idée de la direction, de ce cap ?

– Je ne puis être péremptoire. Je vous vois vous agiter, je vous vois hésiter, je vous vois balancer, tellement pareil à Sa Majesté. Mon unique remarque, si vous le permettez, c'est qu'il est de votre ressort de fouiller le fond de votre pensée, au-delà des circonstances qui vous ont permis d'accéder au pouvoir. Quelle est la ligne de votre vie, quelle est la conviction qu'il vous importerait de défendre envers et contre tout, y compris si les circonstances devenaient funestes ?

– Vous avez une prescience à ce sujet ? Vous pouvez me le dire, allez-y.

– À quel propos, Monseigneur ?

– Suis-je en danger ?

– Monseigneur, je ne sais ! Je vous en supplie, n'interprétez point ma réponse comme une réticence quelconque à vous donner une triste nouvelle.

– Oui, vous non plus, vous ne manqueriez pas de courage, n'est-ce pas ?

– Ce serait le comble, dans une heure pareille ! Il serait malséant de jouer les tartuffes. Je souhaite seulement de tout cœur qu'il ne vous arrive pas malheur.

– Merci, cher ami. Je ne puis dire que j'ai peur. En revanche, il est bizarre que je puisse l'envisager avec tant de sérénité. En quelque sorte, je suis prêt.

– Il est un moment, Monseigneur, où en effet l'embarras d'une nation peut s'incarner en une personne.

– Et la solution s'impose de supprimer la personne en question ?

– La tentation existe, je ne puis le nier. »

Le Président déboutonne soudain le col de sa chemise et desserre sa cravate. Il se caresse la nuque et sourit.

LVII

Le Président s'est levé, marche un peu, puis se rassoit à son bureau. Il écrit vite. De temps en temps, il lève la tête, comme pour s'assurer que le vieil homme est toujours là. Ce dernier n'a pas changé de place. Ses grosses jambes sont écartées, et ses mains appuyées semblent le soutenir pour l'empêcher de glisser. Il respire avec une difficulté croissante.

« Vous allez bien ?

– Monseigneur, je vis les mêmes désordres que ceux d'hier, pardon, d'il y a deux siècles. Je crois bien avoir la même fièvre, celle qui, si j'en crois mon souvenir, m'a fait perdre la connaissance, et au moins l'apparence de la vie...

– Il faut que je termine mon discours. Vous ne m'en voulez pas ? Voudriez-vous que j'appelle mon médecin ?

– Et pour quelle raison, Monseigneur ? "Auscultez ce fantôme, il semble éprouver quelques troubles de vieillesse." Non, laissez-moi... »

Le vieil homme s'interrompt en constatant que son interlocuteur ne l'écoute plus et a repris son écriture rageuse. Il soupire un peu plus fort, se dégage la poitrine, cherchant de l'air.

Le Président revisse le capuchon de son stylo et repousse son fauteuil. Tout à coup il lève les yeux et s'aperçoit de la posture inquiétante de son visiteur. Il se précipite.

« Monsieur Necker, monsieur, réveillez-vous. »

Il l'agrippe par son habit et le secoue vigoureusement.

« Monsieur, voyons, revenez... »

De longues secondes s'écoulent. Le Président est debout, les bras ballants. Il semble ne savoir que faire. Et soudain, le vieil homme tressaille. Sa lèvre inférieure se remet à trembler. Il ouvre la bouche et la referme.

« Monseigneur, pardonnez-moi, je me sens si mal. Les souffrances que Notre Sauveur a décidé de m'infliger deviennent insupportables. »

Le Président souffle.

« Vous m'avez vraiment fait peur, mon cher Jacques, vous m'avez fichu une de ces frousses.

– Jacques ?

– C'est bien votre prénom ?

– Monseigneur... Personne ne m'appelle ainsi depuis le décès de ma chère mère...

– Ah bon ? Aujourd'hui, nous sommes moins cérémonieux. Moi, par exemple, vous pouvez m'appeler... »

L'autre le coupe d'un ton ferme :

« En ce qui me concerne, cela restera "Monseigneur", si vous le permettez.

– Ah ? Peu importe, du reste. Pendant votre... sommeil, j'ai terminé mon texte. Je crois qu'il est à la hauteur des enjeux.

– Monseigneur...

– Oui ?

– Je m'y suis engagé, je vous informe donc que cette fois, en revenant à moi, une pensée m'a traversé.

– Elle est déplaisante, je le sens.

– Monseigneur... J'ai connu le dernier des rois.

– Je vous ai dit, d'autres ont régné après lui.

– Peut-être, mais il fut le dernier vrai roi.

– Oui, admettons, et alors ?

– Alors, vous... La signification ultime de ma venue serait que vous, vous soyez... »

Il semble ne pas parvenir à prononcer les mots.

« Le dernier des Présidents ? »

LVIII

Le Secrétaire Général de l'Élysée appelle l'huissier. « Il est enfermé dans son bureau, il faudrait le réveiller. La conférence de presse est prévue dans huit heures, et il doit se préparer. »

Les souliers cirés de l'homme en redingote font grincer le plancher. Devant la porte, l'officier de service lui fait signe qu'il n'y a aucun bruit à l'intérieur de la pièce. On frappe trois coups brefs. Silence. De nouveau trois coups. Toujours aucune réponse. L'huissier se décide à tourner la poignée dorée.

Le Président est devant sa table. Il est assis sur son fauteuil, en bras de chemise. Sa tête est renversée sur le dossier, ses yeux sont fermés, sa bouche est grande ouverte. Il est mal rasé, il est décoiffé. Une de ses jambes est pliée, l'autre est allongée sous la table. Ses deux mains sont sur le bureau. De la paume droite ouverte, le stylo a roulé. Devant lui, un paquet de feuilles blanches est noirci de son écriture serrée. L'en-tête est tricolore et marqué de l'inscription *Présidence de la République*.

« Monsieur le Président... »

L'huissier attend, et se prépare à faire le tour de la table.

Il n'en a pas besoin. Le Président tressaille et ouvre les yeux.

« J'ai dormi, je crois. Quelle heure est-il ?

– Sept heures trente, Monsieur le Président. Monsieur le Secrétaire Général m'a demandé de vous réveiller afin que vous puissiez vous préparer pour la conférence de presse prévue aujourd'hui. Vous avez une réunion à 8 h 30 avec Monsieur le Ministre des Affaires Étrangères.

– Oui, merci, je sais. »

Le Président regarde autour de lui.

« Vous venez d'entrer ?

– En effet, Monsieur le Président.

– Personne n'est sorti d'ici, enfin je veux dire, je n'ai eu aucun visiteur ce soir, enfin cette nuit ?

– Non, Monsieur le Président. Pas que je sache. »

L'homme le regarde, cherchant à comprendre le sens exact de la question.

« Vous pouvez me laisser seul quelques instants ? Dites que l'on me prépare la salle de bains et mon petit déjeuner, je vais le prendre dans les appartements privés.

– Bien, Monsieur le Président. »

L'homme se retire.

Le Président se lève et s'étire. Il regarde son mobile, les messages qui sont arrivés. Il le repose.

Il parcourt les notes devant lui. Il s'assoit, les relit avec plus d'attention, avant de relever la tête. Il se dirige vers la banquette à l'opposé de la pièce. D'un geste machinal, il caresse le tissu, semble chercher quelque chose sur le tapis. Sur la table basse, une tasse contient un fond de chocolat.

Il s'assoit sur l'un des fauteuils. Il reste pensif un long moment.

De nouveau il se lève, il va vers le mur près de son bureau. Il inspecte avec minutie la boiserie, passe les doigts sur les moulures, cherche de l'ongle à gratter un endroit ou deux.

Il va à la fenêtre. Une pluie fine tombe sur les jardins. Il décroche le téléphone.

« Vous voudrez bien prendre mes notes manuscrites de la nuit, les taper et me donner au plus vite une version imprimée, je vous prie... Oui, dans mes appartements... »

Il raccroche. Il se lève, se ravise.

Soudain, il se fige. Il semble fasciné par l'une des premières feuilles de son discours. Il la regarde, la retourne.

Il murmure : « Mon Dieu, ce n'est pas vrai ? »

Il décroche de nouveau.

« Je voudrais que vous notiez une consigne très importante. Je veux être averti sur l'heure, vous m'entendez bien, sans le moindre délai, s'il advenait qu'une publication quelconque soit prévue quelque part, chez n'importe quel éditeur, maintenant ou dans les mois, les années qui viennent, concernant de près ou de loin – vous notez ? – Necker, le ministre de Louis XVI. Je veux en être avisé immédiatement. Vous avez bien compris ? Jacques Necker, N, E, oui, vous savez comment cela s'écrit... »

Il ajoute, comme pour lui-même :

« Cela se prononce Nècre, d'ailleurs... »

Il repose la feuille.

En haut, au début d'un mot, une énorme tache d'encre a séché, un pâté comme en faisaient les plumes d'autrefois.

Une étoile noire sur fond blanc.

Postface et remerciements

L'origine de ce livre est singulière.

Elle doit d'abord beaucoup à l'initiative de Michel Slatkine, éditeur à Genève, patrie de Monsieur Necker. C'est lui qui suggéra à Bertrand Favreul de proposer à un économiste français qu'il voyait parfois à la télévision de s'inspirer du *Compte-rendu au Roy* de 1781 pour dresser un tableau sans concession de la situation de la France de 2014.

Le président d'Albin Michel, Francis Esménard, m'a fait le (grand) plaisir de suivre le projet en personne, et d'en valider la forme, à la fois dialogue imaginaire, conte fantastique et fable politico-financière.

Qu'ils en soient les uns et les autres chaleureusement remerciés.

Enfin la reconnaissance de l'auteur est grande envers Alexandre Wickham, éditeur compréhensif, subtil et délicat sans qui l'entreprise n'aurait pu être menée à bien.

DU MÊME AUTEUR

Aux éditions Anne Carrière

Ceci n'est pas une crise (juste la fin d'un monde), 2009.

Le monde s'en va-t-en guerre (ne sait quand reviendra), 2010.

La décompression, des solutions après le krach, 2011.

Le Gué du tigre, 2012.

En tout espoir de cause, 2014.

Composition : Nord Compo
Impression : CPI Bussière en janvier 2015
Éditions Albin Michel
22, rue Huyghens, 75014 Paris
www.albin-michel.fr

ISBN : 978-2-226-25692-8
N° d'édition : 21257/01 – N° d'impression : 2013687
Dépôt légal : février 2015
Imprimé en France